Libanesische KÜCHEN SCHÄTZE

Nouha Taouk

Von links: Hind, Joumana, Citi Leila, Therese und Rosa

Inhalt

8   **Jedes Rezept erzählt von meinem Leben**

14   **Tante Hind**
Gemeinsam kochen

64   **Tante Rosa**
Alles aus dem Garten

106   **Joumana**
Besuch ist immer willkommen

148   **Meine Familie**
Fasten und Feiern

178   **Großmutter »Citi« Leila**
Alles fürs große Büfett

214   **Tante Therese**
Und jetzt das Dessert

252   **Register**

Jedes Rezept erzählt von meinem Leben

An meine ersten Küchengeräte, Mörser und Stößel, erinnere ich mich genau – meine Großmutter Citi Leila gab sie mir in ihrer Küche, als ich etwa fünf Jahre alt war. Citi muss aufgefallen sein, dass ich mit einem verzweifelten Gesichtsausdruck neben ihr stand, weil ich unbedingt mit von der Partie sein wollte, wenn die Frauen meiner Familie hackten, kochten und rührten, verführerische Gerichte zauberten und dabei ununterbrochen lachten. Citi lehnte sich zu mir herüber und überreichte mir ihre Geräte, als täte sie etwas Heiliges. Im Mörser lagen Knoblauchzehen, über die ein wenig Salz gestreut war. »Bitte schön, mein Schatz, es ist an der Zeit, dass du dein Lieblingsgericht zubereitest«, sagte sie. »Du willst, dass ich Tarator mache?«, antwortete ich mit einer Stimme, die meine Furcht und mein Entzücken verriet. »Genau so, wie ich es dir gezeigt habe«, fuhr sie fort und blinzelte mir zu: »Ich weiß, dass alles noch viel besser schmecken wird, wenn du es mit deinen wundervollen Händen zubereitest.« Dann setzte sie mich auf den Küchentisch, damit ich anfangen konnte. Ich war fest entschlossen, meine Sache gut zu machen: Ich tat mein Bestes, um Citi zu beeindrucken, tröpfelte sorgfältig das Öl hinein, danach den Zitronensaft, rührte dabei ständig und hörte erst auf, als sich alles in eine cremige, schaumige Knoblauchsauce verwandelt hatte. Dieses Erfolgserlebnis weckte mein Interesse an Lebensmitteln und dem Kochen.

Jede Familie hat ihre Geschichte – meine lässt sich am besten durch das Kochen schildern. Als das älteste australisch-libanesische Mädchen von ungefähr hundert Enkelkindern verspürte ich immer das Bedürfnis, unsere Familienrezepte in Ehren zu halten, besorgt, dass sich im Lauf der Zeit ihr Aroma verflüchtigen wird. Eng damit verknüpft sind Geschichten und Erinnerungen von unschätzbarem Wert von den Frauen, die meine

Hochachtung vor unserer Kultur, unserer Weiblichkeit sowie zweifellos auch unseren kulinarischen Traditionen geprägt haben. Citi Leila und ihre Töchter – meine Mutter Joumana und meine Tanten Hind, Rosa und Therese –, sie sind die treibende Kraft hinter allem, für das unsere Familie steht.

Üblicherweise findet man Citi versteckt inmitten dichter Vegetation ihres hinter dem Haus gelegenen üppigen Gartens am Rande der Stadt. Dieser Garten, in dem alle nur erdenklichen Gemüsearten gedeihen, ist ihr ganzer Stolz – genau genommen führt sie eine Liebesbeziehung mit ihm. Meist verbringt sie den Tag dort, pflanzt, jätet und erntet die Früchte ihrer Arbeit.

Citi ist 73 Jahre alt, groß und stattlich gebaut. Ihr kurzes, kräftiges Haar hebt sich von ihrer kleinen Nase, ihren mandelförmigen grünen Augen und den edlen Wangenknochen ab. Sieben Kinder hat sie fast völlig auf sich allein gestellt aufgezogen, und die Erziehung von 27 Enkelkindern hat sie begleitet. So wie der Garten ihr dient, ist sie wiederum die Seele und das Fundament unserer Familie.

Citis Reise nach Australien begann in den späten 1970er-Jahren. Damals stand der Libanon am Rande eines Bürgerkriegs. Sie bestieg mit fünf ihrer Kinder ein Flugzeug nach Sydney, ließ das ländliche Leben in Becharee, einem Dorf, das 1.400 Meter über dem Meeresspiegel inmitten des höchsten Gebirgszugs des Libanon gelegen ist, hinter sich und zog zu ihrem Mann Gidi. Diesen Mann hatte sie zehn Jahre nicht gesehen.

Citi und ihr Mann Gidi hatten große Opfer gebracht, sie lebten zehn Jahre in unterschiedlichen Erdteilen. Daheim im libanesischen Becharee jonglierte Citi mit der Arbeit auf den Feldern, die ihren Lebensunterhalt gewährleisteten, und der Erziehung der Kinder. Gidi dagegen folgte seinem Instinkt und verließ seinen geliebten Libanon. Er spürte, dass etwas Negatives in der Luft lag. Darum brach er auf nach Sydney, wo er in Fabriken arbeitete, um Geld für ein Haus zu sparen und seine Familie nachholen zu können.

Als Gidi Ende der 60er-Jahre in Sydney ankam, gab es dort in einem Stadtteil namens Redfern bereits eine eng verbundene Gemeinde von maronitischen Libanesen, einer christlichen Glaubensgemeinschaft, aus Becharee. Man kümmerte sich umeinander, und jedem, der Arbeit oder Unterstützung brauchte, standen die Türen offen. Schließlich hatte Gidi genug Geld gespart, um eine Anzahlung auf ein öffentlich gefördertes Backsteinhaus im Vorort Dulwich Hill leisten zu können. Es entwickelte sich zum Zentrum unserer Familie, in dem wir uns bei Familienfesten versammelten.

Im Jahr 1973 hatte Gidi einen Unfall, es folgte ein monatelanger Krankenhausaufenthalt. Er sehnte sich nach seiner Frau und den Kindern, hatte aber noch nicht genug Geld gespart, um alle zu sich holen zu können. Also bat er seine älteste Tochter, meine Mutter Joumana, zu sich; sie sollte ihn bis zu seiner Genesung pflegen.

Im Libanon zählte Citi bei der Versorgung ihrer Kinder und der Feldarbeit ebenfalls auf die Unterstützung ihrer ältesten Tochter, die sagt: »Ich hatte oft das Gefühl, ich müsse die Last meines Vaters tragen.« Nach vier Jahren in Australien konnte Joumana englisch lesen und schreiben und hatte sich an die australische Kultur gewöhnt. Unsere Eltern betrachteten sie jetzt als junge Frau und das hieß, dass es für sie an der Zeit war, zu heiraten. Im Libanon wartete ein junger Mann auf sie, der eine Familie gründen wollte: mein Vater. Eine Ehe wurde arrangiert.

Joumanas jüngere Schwestern, Hind und Rosa, wurden im Abstand von drei Jahren geboren, man könnte aber meinen, sie seien Zwillinge. Wenn man ihnen begegnet, flattern sie meist umeinander und plaudern. Sie sind bekannt für ihre komödiantischen Auftritte und schrägen Geschichten, mit denen sie die Bauchmuskeln ihrer Zuhörer strapazieren. Beide sind über vierzig, für Tanten also noch recht jung. Ich glaube, dass ich sie deshalb eher als ältere Schwestern betrachte, die mit mir Höhen und Tiefen im Leben einer zwischen zwei Kulturen gestrandeten Frau, Mutter und Ehefrau durchleben. Tante Therese hat vier Kinder. Sie hofft, ihre kulinarischen Geheimnisse so an ihre Kinder weitergeben zu können, wie es ihre eigene Mutter vor Jahren bei ihr getan hat.

Meine Familie ist ein eigensinniger Haufen und schon oft habe ich mich im Zentrum stürmischer Debatten wiedergefunden, nämlich immer dann, wenn Mutter und Tante Rosa über ihre Rezepte für das libanesische Nationalgericht Kibbeh stritten. Aber selbst bei den hitzigsten Diskussionen passiert Folgendes: Sobald eine Schüssel Taboulé auf den Tisch gestellt wird, schaufeln sich alle eine große Portion davon auf den Teller und genießen diese dann in stillem Einvernehmen. So sieht unser Band aus, es hält uns zusammen und stellt die Verbindung zu unseren Ältesten und Vorfahren dar.

Dieses Buch ist eine Chronik traditioneller libanesischer Gerichte, die diese Frauen perfekt beherrschen. Obwohl all diese Rezepte bekannt sind, ist die Art und Weise, wie sie in meiner Familie zubereitet werden, einzigartig. Sie wurden über Generationen weitergereicht und dennoch hat jede meiner Tanten ihre eigene Variante. So führe ich die libanesische Tradition der Gastlichkeit fort. Ich freue mich sehr, diese liebevoll gehüteten Rezepte vorstellen zu können.

Sahtayn!

Nouha Taouk

Libanesisch kochen heißt frisch kochen

»*Am glücklichsten bin ich im Kreis meiner Familie. Für uns ist es wichtig, beisammen zu sein und das zu tun, was wir lieben – zu kochen, zu lachen und Geschichten zu erzählen. Wir lernen sehr viel voneinander.*« Tante Hind

Die Küchen der libanesischen Frauen sind mit den unverzichtbaren Zutaten und Gerätschaften ausgestattet, die für das Kochen im Libanon notwendig sind. Wie in der Neuinszenierung eines bekannten Schauspiels sind alle Darsteller anwesend und bereit, wieder einmal in einem Klassiker aufzutreten und ihre Rollen zu spielen. Olivenöl, Bratöl, Kräuter, Gewürze, Nüsse, Hülsenfrüchte und Getreide werden in riesigen Mengen eingekauft. Die Zubereitung von Gerichten, die früher einmal einen großen Krafteinsatz erforderten, wird durch den Einsatz eines Küchenmixers oder eines Fleischwolfs erleichtert.

Tante Hind und Tante Rosa teilen eine Leidenschaft, seit sie das Gymnasium besuchten: den wöchentlichen Gang über den Markt von Flemington und den Fischmarkt von Sydney, wo beide die »frischesten Produkte, die es überhaupt gibt« kaufen. Sie wurden süchtig nach der Vielfalt und Fülle dort. Und als sie schließlich eigene Kinder hatten und ihre Gemüsegärten den Bedarf der Familien nicht mehr decken konnten, gingen sie wieder auf den Markt. »Als wir nach Australien auswanderten, waren unsere Eltern darauf angewiesen, auf dem Markt ihre Lebensmittel für die Großfamilie einzukaufen«, erläutert Tante Hind.

Freitags ging es immer in aller Frühe los und es endete mit dem gemeinsamen Kochen. Als ihre Kinder noch zur Schule gingen, trommelten sie die Familien zusammen und kochten freitags jeweils im Haus eines anderen, anstatt dies alleine zu tun. Fisch stand immer auf dem Speiseplan, dazu eine Riesenschüssel Taboulé und stets auch Hummus, Tahin und reichlich Pickles. Auch heute kochen sie nach ihrem wöchentlichen Ausflug immer noch zusammen und verwöhnen sich.

Durch ihre jahrelangen gemeinsamen Beutezüge auf den Märkten wurden sie treue Kundinnen in einigen Geschäften. »Der alte Chinese«, von dem Tante Hind meint, er sei schon mindestens ein halbes Jahrhundert dort, »hat die besten Wassermelonen, Süßkartoffeln, Knoblauch und Gemüsezwiebeln«, während der Libanese »immer die erlesensten Tomaten hat.« Woche um Woche wartet »der Italiener mit seiner Familie« darauf, dass »wir vorbeikommen und Karotten, Paprika, Kohl, Sellerie und Salat bei ihm kaufen«. Wenn sie es nicht bis auf den Fischmarkt schaffen, verlassen sie sich auf den Griechen in Flemington. Dabei bleibt es nicht aus, dass sie viele amüsante Geschichten erlebten, mit denen sie uns im Laufe der Jahre während zahlloser in der Küche verbrachter Stunden unterhielten. Ein ganz besonderes Erlebnis brachte Tante Hind den Titel *mastooleh* ein, was im Arabischen etwa so viel bedeutet wie »der Fels in der Brandung«.

Der auf den Märkten herrschende Geräuschpegel steigt normalerweise noch an, wenn die Standinhaber anfangen, gegeneinander zu konkurrieren und lauthals zu schreien. Eines Tages hatte ein Kürbisverkäufer begonnen, so laut er nur konnte, zu rufen: »Kürbisse! Ein Dollar, Kürbisse! Ein Dollar, kommen Sie und holen Sie sich einen Kürbis für einen Dollar, ehe alle weg sind.« Tante Rosa, die gerade einen anderen Einkauf erledigte, drehte sich zu ihrer Schwester um und fragte: »Warum stehst du da wie angewurzelt? Schnell, lauf hinüber – wir brauchen Kürbis.« Die stets bedächtige, sorgfältig auswählende Tante Hind warf ihr einen zu Tode erschrockenen Blick zu und beharrte darauf, dass ihr das unmöglich sei. Währenddessen nahmen die Leute wie wahnsinnig

♦ Gemeinsam kochen

Steigen voller Kürbisse und machten sich mit ihnen davon. Erstaunt, aber fest entschlossen, ein Schnäppchen zu machen, baute sich Tante Rosa vor ihrer Schwester auf, suchte so viele hochwertige Kürbisse aus, wie in eine Steige passten, und reichte diese zu ihrer Schwester hinüber, ohne sie eines Blickes zu würdigen. Nachdem sie die Steige bezahlt hatte, drehte sie sich um und sah ihre Schwester mit leeren Händen dastehen. »Wo ist die Steige, Hind?«, fragte Rosa wutschnaubend. »Die Frau neben mir hat sie genommen und ist damit weggerannt«, antwortete Hind mit entsetztem Gesichtsausdruck.

Tante Hind ist immer dann in ihrem Element, wenn sie die Dinge ohne Hetze und in aller Ruhe aussuchen kann. Tante Hind hat dafür eine Erklärung parat: „Was mich bei diesen Sonderangeboten in Panik versetzt, ist die Angst, dass ich etwas nach Hause bringe, das von schlechter Qualität ist. Ich möchte hochwertige Früchte und Gemüse, sie verfeinern das Essen und sind immer ein Genuss." Einfaches Klopfen auf eine Wassermelone verrät ihr, ob sie einen wohlschmeckenden Leckerbissen vor sich hat. Kräuter und Grünzeug müssen duften. Ihr Mantra heißt »Frisch ist am besten«. Was sie kocht, ist zum Verzehr am gleichen Tag bestimmt. Niemals kocht sie etwas, um es in den Kühlschrank zu stellen, denn dadurch »verliert es seinen Nährwert«.

Tante Hind wohnt in den südwestlich gelegenen Vororten von Sydney, dort befindet sich das Drehkreuz für alles, was aus dem Mittleren Osten kommt – an einigen Orten kann man leicht vergessen, dass man in Australien ist. Der libanesische Metzger im Vorort Punchbowl begrüßt sie mit: »*Keef halek?*« (Wie geht es dir), als sei sie eine alte Freundin, die ihn daheim besucht. Sie erwidert: »*Ana bikhayr, shu-ukhbaarak?*« (Mir geht es gut, was gibt es Neues?) Sie plaudern über ihre Kinder, ihre Gesundheit und das Wetter, erst dann wechselt das Geld den Besitzer.

Dicke Bohnen, Kichererbsen und Linsen, gefolgt von Kreuzkümmel, Zimt, schwarzem Pfeffer und libanesischem Brot kauft Tante Hind am liebsten beim libanesischen Gemüsehändler im nahe gelegenen Bankstown. In der Mitte des Geschäftes, das wie ein Souk im Mittleren Osten aufgebaut ist, sind Berge von Kräutern und Gewürzen aufgehäuft. Mit dem Ladeninhaber verstrickt sie sich schnell in eine Unterhaltung, an der sich alle Anwesenden beteiligen können. »Wenn ich diese Geschäfte besuche, komme ich mir vor, als ob ich wieder in meinem Dorf im Libanon wäre«, kichert sie. »In allen Häusern standen dort die Türen offen; den lieben langen Tag plauderten wir mit allen, die vorbeikamen.«

Sie ist stolz auf ihre Wurzeln und die Gerichte, mit denen sie aufgewachsen ist. Sie erinnert sich noch an das fremdartige Kolorit der englischen Sprache, die sie anfangs in Australien weder sprechen, lesen noch schreiben konnte. Ihr fließendes Arabisch und Französisch halfen in der Schule nicht weiter, sie »saß fest wie ein Außerirdischer«. Gestrandet in einem Klassenzimmer mit Schülern ihres Alters, kämpfte sie darum, sich Gehör zu verschaffen. Auf dem Schulhof blieb sie bei den anderen eingewanderten Mädchen. Mittags öffneten sie ihre Essensbehälter, in denen sich Oliven, unterschiedlicher Käse, kaltes Fleisch sowie Dips befanden, und bauten diese auf wie ein Büfett; das war etwas ganz Anderes als die belegten Brote der Mitschüler. Sie waren ein Spektakel für diejenigen, die nicht an solche »widerwärtigen Gerüche« und an die Gepflogenheit, gemeinsam zu essen, gewohnt waren, wobei man auch noch mit den Händen essen musste. Bisweilen führte der Geruch roher Zwiebeln oder sogar eine Olive auf dem Schulhof zu Streitigkeiten. »Unsere Ernährungsgewohnheiten machten uns zu Aussätzigen, aber wir kamen nie auf den Gedanken, daran etwas zu ändern«, sagt Tante Hind stolz. »Wir ließen das Geschwätz an uns abprallen, was auch immer uns da entgegengeschleudert wurde.«

Unverzichtbare Dinge

Wohl in fast jedem libanesischen Haushalt sind die folgenden Utensilien und Zutaten stets griffbereit vorhanden.

Unentbehrliches aus dem Garten

Die meisten frischen Zutaten kann man im eigenen Garten anbauen, einige davon gedeihen sogar an einem sonnigen Platz auf der Fensterbank.

Blattsalat	Knoblauch	Petersilie	Spinat
Frisée	Mangold	Portulak	Weinblätter
Frühlingszwiebeln	Minze	Radieschen	Zitronen
Gurken	Oregano	Rucola	Zwiebeln

Unentbehrlich in der Speisekammer

Die meisten dieser Grundzutaten gibt es im Supermarkt; speziellere Zutaten findet man im libanesischen Lebensmittelgeschäft. Gewürze am besten in kleinen Mengen kaufen, so sind sie immer frisch und aromatisch.

GEWÜRZMISCHUNGEN
Baharat-Gewürzmischung
Diese Mischung dient häufig zum Würzen von Fleisch und Fischgerichten; sie enthält Piment, Muskatnuss, Kreuzkümmel, Zimt, Koriander, Gewürznelken und schwarzen Pfeffer.

Unser Familien-Baharat
Diese schlanke Variante meiner Familie enthält zu gleichen Teilen Kreuzkümmel, Zimt und fein gemahlenen schwarzen Pfeffer.

Kibbeh-Gewürzmischung
Eine Mischung aus Zimt, Kreuzkümmel, fein gemahlenem schwarzem Pfeffer, Basilikum und Majoran.

Schawarma-Gewürzmischung
Sie besteht aus Gewürznelken, Zimt, Muskatnuss, Piment, Paprika und fein gemahlenem schwarzem Pfeffer.

Shish-Kebab-Gewürzmischung
Eine Mischung aus Zitronenpfeffer, Zwiebel, Knoblauch, schwarzem Pfeffer, roter Chilischote, Salz und Zucker. Würzt Shish kebab und andere Fleischgericht.

WEITERE ZUTATEN AUS DER SPEISEKAMMER
Ahweh (libanesischer Kaffee)
Borlotti-Bohnen
Bulgur – grob und fein
Chilischoten, gemahlen
Dicke Bohnen
Eiernudeln
Gerste
Getrockneter Oregano
Getrocknete Minze
Kichererbsen
Kidneybohnen
Kishk-Granulat (siehe Seite 188–191)
Linsen

Mahlab – Keimling aus dem Kern der Felsenkirsche. Im Mittleren Osten wird das Pulver der gemahlenen Kerne zum Aromatisieren für Kuchen, Gebäck und Plätzchen verwendet. Es duftet nach Rosen, sein Geschmack ähnelt der Bittermandel.
Orangenblütenwasser
Pflanzenöl
Pinienkerne
Rosenwasser
Sumach – weinrotes bis bräunliches Gewürz mit fruchtigsaurem Geschmack aus den gemahlenen getrockneten Beeren des Gerbersumachs
Tahin
Weiße Bohnen
Weiße Limabohnen
Zimtstangen

Unentbehrlich für Mezze

Wer diese Zutaten vorrätig hat, kann ganz einfach daraus Mezze zubereiten.

Baba ganoush
Laben (siehe Seite 30)
Mandeln – in Wasser eingeweicht und gekühlt
Pickles – Gurken, grüne Bohnen, Labneh-Kugeln, Oliven, gefüllte Auberginen, Kohlrabi
Pistazien – mit oder ohne Schale
Rohkost-Sticks – Karotte, Paprika, Sellerie, Gurke, Tomate
Sultaninen
Walnusskerne – können in Wasser eingeweicht und im Kühlschrank aufbewahrt werden.

Küchenzubehör

Einige dieser – speziellen – Utensilien werden im libanesischen Lebensmittelgeschäft angeboten.

Durchschlag
Falafel-Löffel *(oleb il falafel)*
Kaffeetasse, klein (Espressotasse) – zum Trinken von libanesischem Kaffee
Libanesische Kaffeekanne *(rakweh)* – eine schmale Kanne mit langem Griff, in der libanesischer Kaffee zubereitet wird
Ma'moul-Form *(oleb il mamoul, tamar* oder *tamreah)* – zum Formen von Walnuss- und Dattelkeksen (siehe Seite 230)
Mixer
Sieb
Zucchinilöffel *(manerah)* – mit ihm schabt man das Fruchtfleisch aus der Zucchini.

♦ Gemeinsam kochen

Bayd ma fa batata
Kartoffelbrei mit Ei
Für 4 Personen

3 kleine Kartoffeln
4 Eier
2 EL Olivenöl
⅛ TL gemahlener Zimt
Salz

Die Kartoffeln schälen, waschen und in Würfel schneiden.

Eier und Kartoffeln getrennt kochen. Die Eier etwa 10 Minuten, bis sie hart gekocht sind, und die Kartoffeln weich genug, dass sie zu Brei verarbeitet werden können. Vom Herd nehmen, das Wasser abgießen und die Eier kalt abschrecken.

Kartoffeln und Eier leicht abkühlen lassen.

Die Eier schälen, grob hacken und mit den Kartoffeln zusammen in eine Schüssel geben. Eier und Kartoffeln mit dem Öl, dem Zimt, dem Chilipulver und einer Prise Salz etwas zerstampfen – es sollten noch Stücke erkennbar sein.

Tipp: Schmeckt fantastisch auf Toast mit Tomatenscheiben, Oliven und Rucola.

Bayd maqlii
Gebratene Eier
Für 4 Personen

Olivenöl zum Braten
4 Eier
⅛ TL getrockneter Oregano
⅛ TL Salz

Eine große gusseiserne oder antihaftbeschichtete Bratpfanne mit etwas Öl einfetten, die Eier hineinschlagen und den Oregano, das Salz und das Chilipulver darüberstreuen. Einen Deckel auf die Pfanne legen und die Eier garen, bis das Eigelb gerade eben stockt.

Oojeh
Pfannkuchen mit Ei, Zwiebel und Petersilie
Für 4–6 Personen

5 Eier
2 EL Mehl
1 Msp. Backpulver
1 EL fein gehackte Minze
¼ TL Salz
¼ TL gemahlener Zimt
¼ TL fein gemahlener schwarzer Pfeffer
Olivenöl zum Braten

Die Eier in einer Schüssel schaumig schlagen. Erst das mit dem Backpulver vermischte Mehl, danach die restlichen Zutaten dazugeben und unterrühren.

Etwas Öl in einer 15 Zentimeter großen, antihaftbeschichteten Bratpfanne verteilen, bei mittlerer Temperatur erhitzen und eine halbe Tasse der Masse hineingießen.

Den Pfannkuchen, sobald er auf der Unterseite goldbraun ist, behutsam wenden und von der anderen Seite braten. Aus der Pfanne nehmen und warm halten. Auf diese Art aus der restlichen Masse Pfannkuchen zubereiten.

Bayd ma fa lahm
Rührei mit Fleisch
Für 4–6 Personen

250 g Lammfleisch, fein gewürfelt
¼ TL Baharat-Gewürzmischung meiner Familie (siehe Seite 22)
¼ TL Salz
⅛ TL Chilipulver

Das Fleisch und die Gewürze in eine antihaftbeschichtete Bratpfanne geben. Bei starker Hitze garen, bis das Fleisch anfängt, sich braun zu färben. Auf mittlere Temperatur schalten, die Eier aufschlagen, dazugeben und vorsichtig rühren. Sobald die Eier locker und gar sind, von der Kochstelle nehmen und servieren.

♦ Gemeinsam kochen

Oojet kusa
Zucchiniomeletts

Für 4–6 Personen

500 g kleine junge Zucchini
3 Eier
75 g Mehl
⅛ TL Backpulver
1 Zwiebel, gehackt
1 TL *mixed spice* (engl. Gewürzmischung, enthält vorwiegend Zimt, Muskatnuss und Piment)
1½ TL Salz

Das Fruchtfleisch aus den Zucchini kratzen oder die Zucchini schälen. Die Schale entweder wegwerfen oder anderweitig verwenden. Das Fruchtfleisch im Mixer pürieren, mit den restlichen Zutaten in eine große Schüssel geben und alles mit einem Holzlöffel gut verrühren.

Etwas Öl in einer großen antihaftbeschichteten Pfanne bei mittlerer Temperatur erhitzen. Jeweils ein paar Omeletts gleichzeitig braten. Für jedes Omelett etwa drei Esslöffel der Zucchinimasse in die Pfanne geben und auf zehn Zentimeter Durchmesser verstreichen. Die Form der Omeletts muss nicht perfekt sein. Sobald die Unterseite goldbraun gebacken ist, die Omeletts wenden und auf der anderen Seite braten. Aus der Pfanne nehmen.

Entweder die Omeletts zum Abkühlen nebeneinander auf einen großen Teller legen und danach stapeln und raumtemperiert servieren. Oder die fertigen Omeletts bei schwacher Hitze im Ofen warm halten, bis alle Omeletts gebraten sind, und warm servieren.

Tipp: Dieses Rezept ist ideal für die Verwertung des Zucchinifruchtfleischs aus dem Rezept für gefüllte Zucchini (siehe Seiten 194, 198 und 211).

Vorzüglich schmecken die Omeletts auch mit Tomatensalsa (siehe Seite 49).

Laben
Selbst gemachter Joghurt
Ergibt 4 Liter

Dies ist ein einfaches Beispiel dafür, wie man fermentieren, also aus Milch Joghurt machen kann. Laben ist die Basis für viele Rezepte in diesem Buch – die hier hergestellte Menge reicht für mehrere Gerichte. Laben schmeckt köstlich zu Gurkensalat mit Minze und Knoblauch, als Aufstrich für libanesisches Brot und zu Reis. Wenn Sie Laben zu diesem Zweck herstellen, bereiten Sie nur die halbe Rezeptmenge zu. Sie benötigen einen Edelstahlkochtopf.

4 l Vollmilch
125 g griechischer Naturjoghurt

Die Milch in einem Edelstahlkochtopf bis zum Siedepunkt erhitzen – Vorsicht, sie steigt dann nach oben und kocht schnell über! Den Topf von der Kochstelle nehmen und die Milch bis auf 47–50 °C abkühlen lassen. In meiner Familie überprüft man die Temperatur mit der Hand. Einen Finger in die Milch stecken und zählen. Spätestens bei 13 sollte die Wärme unerträglich geworden sein. Zum Abkühlen den Topf entweder in kaltes Wasser – dann geht es schneller – oder einfach nur beiseitestellen.

Den Joghurt in einer kleinen Schüssel mit etwas warmer Milch verrühren. Die Mischung dann in die restliche warme Milch gießen und umrühren.

Den Topf an einen warmen, geschützten Ort stellen. Den Deckel auf den Topf legen, diesen dann vollständig mit einer Wolldecke oder einem anderen wärmenden Stoff umwickeln und mindestens 6 Stunden oder über Nacht stehen lassen.

Aus der Decke wickeln und den Deckel abnehmen. Den Topf vorsichtig rütteln. Jetzt sollte der Joghurt eine geleeartige Konsistenz haben. Den Deckel wieder auf den Topf legen und den Laben in den kältesten Bereich des Kühlschranks stellen. Dort muss er 2 Tage stehen, ehe man etwas davon abnehmen und essen kann. Laben kann auch mit Zucker gesüßt werden.

Labneh
Selbst gemachter cremiger Joghurt
Für 6–8 Personen

Dies ist selbst gemachter Joghurt (Laben), aber cremiger, weil ihm Flüssigkeit entzogen wurde. Gehen Sie bei der Zubereitung nach dem Rezept für Laben (auf der gegenüberliegenden Seite) vor. Labneh schmeckt wunderbar auf einem Stück libanesischem Brot oder einem Cracker als Teil eines Büfetts.

1 EL Salz
2 l Laben, der 2 Tage im Kühlschrank gestanden hat (siehe gegenüberliegende Seite)
Chilipulver zum Servieren
Olivenöl zum Servieren

Das Salz gut mit dem Laben vermengen. Den Laben in einen Baumwollsack (einem Kopfkissenbezug ähnlich) oder in ein Seihtuch (Musselin) gießen und abtropfen lassen, indem man das Tuch entweder draußen (wenn die Witterung es zulässt, im Schatten, keine direkte Sonneneinwirkung) aufhängt oder im Kühlschrank in ein Sieb legt, das über einer Schüssel steht. Den Laben über Nacht abtropfen lassen.

Am folgenden Tag das Tuch öffnen und den festen, cremigen Labneh entweder mithilfe des Tuchs in eine Schüssel geben oder herauslöffeln. Den Labneh verrühren, damit sich die unterschiedlich beschaffene Masse vermischt – er sollte fest und cremig sein. Alles wegwerfen, was außen am Sack oder Tuch haftet.

Labneh kann sofort verzehrt oder im Kühlschrank aufbewahrt werden. Er hält sich bis zu zwei Wochen. Zum Servieren mit etwas Chilipulver bestreuen und mit Olivenöl beträufeln.

♦ Gemeinsam kochen

Shanklish
Labneh-Käsekugeln
Ergibt 5 Stück

Für dieses Rezept muss man zunächst Labneh aus Laben zubereiten, aber man kann auch fertigen Labneh dafür verwenden. Sie bekommen ihn in den meisten libanesischen Lebensmittelgeschäften. Wenn Sie fertigen Labneh verwenden, dann überspringen Sie die Labneh-Zubereitung im Rezept und beginnen mit der Zugabe von Chilipulver. Labneh-Käsekugeln findet man auf den meisten Büfetts.

2 l Laben, der 2 Tage im Kühlschrank ruhte (siehe Seite 30)
2–3 EL Salz
¼–1 TL mildes Chilipulver
100 g getrockneter Oregano oder Thymian

Den Laben und das Salz in einen Edelstahltopf geben, aufkochen und 2 Minuten kochen lassen. Dann den Herd ausschalten und die Masse sofort in einen Baumwollsack (einem Kopfkissenbezug ähnlich) oder ein Seihtuch (Musselin) gießen. Den Sack oder das Tuch in ein Sieb legen, das über einer Schüssel steht, und in den Kühlschrank stellen, sodass die Flüssigkeit aus der Masse abtropfen kann. (Ich hänge den Sack, wenn die Witterung es zulässt, zu diesem Zweck im Freien auf – im Schatten ohne direkte Sonneneinwirkung.) Die Masse 2–3 Tage abtropfen lassen. Der Labneh ist fertig, sobald er relativ trocken und fest genug zum Rollen ist.

Ein Geschirrtuch auf ein ebenes Brett legen.

Die Masse aus dem Sack nehmen und in eine Schüssel geben. Bei der Verwendung von fertig gekauftem Labneh diesen in die Schüssel füllen.

Nach Belieben das Chilipulver zum Labneh geben und mit den Händen untermengen. Die Masse mit den Händen zu tennisballgroßen Kugeln formen, dann in Oregano oder Thymian wälzen; auf das Tuch legen, mit einem weiteren Baumwoll- oder Geschirrtuch zudecken und für 3 Tage an einen kühlen, trockenen Platz oder in den Kühlschrank stellen.

Rooz bi haleeb
Reispudding zum Frühstück
Für 4 Personen

Dieser köstliche Milchreis wird zum Frühstück serviert und schmeckt sowohl warm als auch kalt.

1 l Milch
165 g Mittelkornreis (Risottoreis)
1 TL Salz

Die Milch und 125 Milliliter Wasser in einem Topf bei starker Hitze zum Kochen bringen. Den Reis und das Salz hineingeben und unter ständigem Rühren erneut aufkochen lassen. Dann die Wärmezufuhr verringern und den Reis 15 Minuten ganz leicht köcheln lassen, bis er weich ist.

Tipp: Soll der Reis kalt serviert werden, bitte bei Raumtemperatur abkühlen lassen und erst dann in den Kühlschrank stellen.

Rooz il falfal
Gekochter Reis mit Eiernudeln
Für 6 Personen

Dies ist ein Reis-Grundrezept, das als Beilage für viele Schmorgerichte dient. Man kann es abwandeln, indem man den Reis und die Nudeln zubereitet, etwas abkühlen lässt und dann mit zwei bis drei Esslöffeln Laben (siehe Seite 30) vermischt.

40 g Butter
2 Nester getrocknete feine Eiernudeln (siehe Tipp)
370 g Mittelkornreis (Risottoreis), gut gewaschen (siehe Tipp)
½ TL Salz

Die Butter in einem Topf bei niedriger Temperatur zerlassen. Die Nudeln in kleine Stücke brechen und darin unter gelegentlichem Rühren goldbraun braten. Den Reis und das Salz unterrühren, 1⅛ Liter Wasser angießen und bei starker Hitze aufkochen lassen. Die Hitze reduzieren und den Reis zugedeckt etwa 15 Minuten garen, bis er weich ist.

Tipp: Die Nudeln sind im libanesischen Lebensmittelgeschäft erhältlich. Wir haben Mittelkornreis verwendet, aber das Gericht gelingt auch mit Langkornreis.

Hummus

Ergibt etwa 1 Liter

Hummus wird in unserer Familie wie eine Zutat verwendet. Ich erinnere mich noch daran, dass meine Mutter in meiner Kindheit immer dafür sorgte, dass frischer Hummus vorrätig war. Sowohl Hummus als auch Baba ganoush passen zu fast allen libanesischen Gerichten. Sie dienen als Dip für Brot, frisches Gemüse und auch Pickles.

300 g getrocknete Kichererbsen
½ TL Natron
1 Knoblauchzehe, zerstoßen
1½ TL Salz
135 g Tahin
80–100 ml Zitronensaft
Chilipulver, Paprikapulver oder Cayennepfeffer zum Servieren
Olivenöl zum Servieren
fein gehackte glatte Petersilie zum Servieren

Die Kichererbsen über Nacht in reichlich kaltem Wasser einweichen.

Am nächsten Tag das Natron in das Einweichwasser geben und die Kichererbsen weitere 30 Minuten einweichen lassen. Die Kichererbsen in ein Sieb abgießen, gut abspülen und abtropfen lassen; dann in einen Topf geben und mit Wasser vollständig bedecken. Die Kichererbsen etwa 40 Minuten kochen, sie müssen so weich sein, dass sie sich mit den Fingern fast zerdrücken lassen. (Wenn die Kichererbsen schon älter sind, verlängert sich die Garzeit.)

Den Topf von der Kochstelle nehmen und die Kichererbsen im Kochwasser abkühlen lassen (nicht unter kaltem Wasser abspülen). Die abgekühlten Kichererbsen in ein Sieb abgießen, dabei 250 Milliliter vom Kochwasser auffangen und abtropfen lassen.

Die Kichererbsen mit dem Knoblauch und einem Teelöffel Salz im Mixer zu einer bröseligen Masse verarbeiten. Das Tahin unterarbeiten – die Masse sollte jetzt cremiger werden. Vier Esslöffel vom Zitronensaft hinzufügen und untermischen, dann so viel von dem beiseitegestellten Kochwasser unterrühren, dass ein cremiges Püree entsteht. Nach Belieben mit dem restlichen Salz und Zitronensaft abschmecken.

Hummus ist Bestandteil eines Büfetts: auf einem runden oder ovalen Servierteller verstreichen, in der Mitte mit dem Löffel eine kreisförmige oder ovale Linie ziehen und entlang dieser Linie Chilipulver, Paprikapulver oder Cayennepfeffer aufstreuen und mit einem Schuss Olivenöl und gehackter Petersilie abrunden.

Tipp: Hummus lässt sich im Kühlschrank bis zu 1 Woche aufbewahren.

Baba ganoush
Ergibt etwa 500 Milliliter

»Wenn man Auberginen grillt, bekommen sie ein wunderbares, rauchiges Aroma.« Tante Hind

2 mittelgroße Auberginen
90 g Tahin
Saft von 1–2 Zitronen
2 Knoblauchzehen
½–1 TL Salz
Olivenöl zum Servieren
fein gehackte glatte Petersilie zum Servieren
klein gewürfelte Tomate zum Servieren

Mit einer Gabel oder einem Spieß Löcher in die Auberginen stechen. Die Stängel an den Auberginen lassen.

Auberginen lassen sich auf drei Arten zubereiten, aber auf jeden Fall sollten sie so lange gegart werden, bis sie ganz weich sind. Um dies zu prüfen, mit einer Zange auf die Frucht drücken – sie sollte sehr leicht in das Fruchtfleisch eindringen.

Grillen: Die Auberginen auf dem Grill unter häufigem Wenden garen, bis sie weich sind.

Herd: Die Auberginen in einer beschichteten Pfanne garen, zum Wenden am Stängel anfassen oder eine Zange verwenden.

Ofen: Im 200–230 °C heißen Ofen etwa 20 Minuten garen.

Die gegarten Auberginen in kaltem Wasser abkühlen lassen, bis man sie anfassen kann, dann die Schale und den Stängel mit einem kleinen, scharfen Messer entfernen. Das Fruchtfleisch in einem Durchschlag 10–15 Minuten abtropfen lassen und dann in einer Schüssel mit einem Kartoffelstampfer oder einer Gabel zerdrücken, bis keine großen Stücke mehr vorhanden sind.

Das Tahin und den Saft einer Zitrone unterrühren. Den Knoblauch und etwas Salz in einem Mörser fein zerstoßen und dann mit ½ Teelöffel Salz unter die Auberginenmasse mengen. Abschmecken, nach Belieben noch Salz oder Zitronensaft hinzufügen.

Das Baba ganoush auf einen Servierteller löffeln und mit einem Spritzer Olivenöl, fein gehackter Petersilie und Tomatenwürfeln garnieren.

Kochen nach Gefühl

Bevor ich fortfahre, möchte ich an dieser Stelle über Mengenangaben und Intuition reden. Als mir die Lektorin des Buchs eine Richtlinie zu den Maßangaben schickte, geriet ich etwas in Panik – jene Panik, die mich immer noch überfällt, wenn ich Mutter anrufe, um nachzufragen, warum meine Falafel beim Garen zerfallen. Die Frage, ob ich die Mengenangaben genau befolgt habe, wird erst gar nicht gestellt, denn es gibt keine. Stattdessen antwortet meine Mutter: »Mehl, Nouha, du brauchst Mehl.« (Mehl kommt bei uns nur in Notfällen zum Einsatz.)

In unserer Familie steht Intuition beim Kochen über Mengenangaben. Wir kochen mit dem Herzen, ein Gericht wird immer in der Absicht zubereitet, anderen eine Freude zu bereiten und mit diesen gemeinsam zu genießen. Wir lernen das Kochen durch Ausprobieren und entwickeln ein Gefühl für die Zutaten. Den Geschmacksnerv zu treffen, mit Menschen gemeinsam essen und diesen eine Freude zu machen, ist ein unserer Kultur innewohnender Wesenszug, mittels dessen wir kommunizieren, ein gemeinsames Band schmieden und uns unsere Zuneigung zeigen.

Deshalb war es ein wenig frustrierend für mich, bei einem Großteil der Rezepte Mengenangaben machen zu müssen. Als ich die Frauen besuchte, deren Rezepte ich in diesem Buch niedergeschrieben habe, war ich bewaffnet mit Dosierlöffeln, Messbechern und einer Waage. Ich kann überhaupt nicht sagen, wie viele Male ich mir in Erinnerung rufen musste, »an die Mengenangaben zu denken«!

Jede Frau hat ihr eigenes Gefühl für die Dosierung. Obwohl ich es tatsächlich geschafft habe, »unsere Mengenangaben« aufzuschreiben, hoffe ich, dass auch

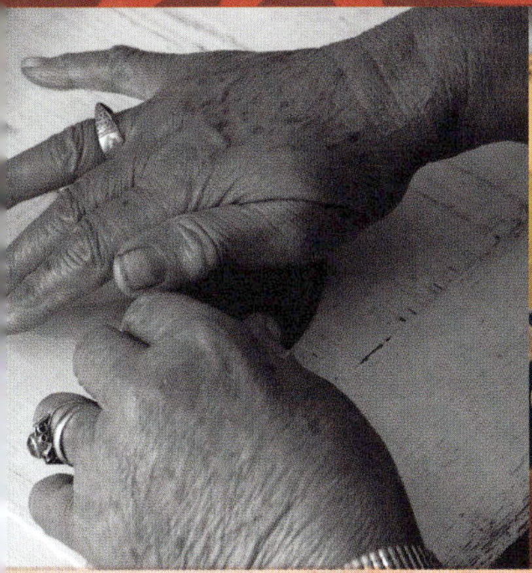

Sie sich – nachdem Sie mit den Zutaten und der Art und Weise der Zubereitung vertraut geworden sind – von den Messgeräten befreien können.

Die meisten Rezepte sind einfach, und wenn sich auch die Zutaten und die Zubereitungstechniken zu wiederholen scheinen, das Ergebnis ist stets ein anderes. Knoblauch, Zwiebeln und Tomaten werden für die unterschiedlichsten schmackhaften Gerichte verwendet. Bei einigen Rezepten musste ich bewusst die Menge an Knoblauch, Zwiebeln und Chili verringern. Eine ganze Knoblauchknolle ist in einem Gericht wie Linsensuppe mit Mangold (siehe Seite 92) für Menschen, die nicht daran gewöhnt sind, zu viel. Stattdessen empfehle ich für den Anfang sechs Zehen – mit der Option, später mehr zu verwenden.

Denken Sie daran: nicht allein die Zutaten und die Zubereitungsart sind für das Gelingen eines Rezepts notwendig. Sie sollten auch nach Gefühl würzen, Ihre Sinne mit einbeziehen und Ihre Umgebung entsprechend gestalten.

In den Küchen unserer Familien wird keine schlechte Laune geduldet. Wenn meine Stimmung mies war, durfte ich meiner Mutter nicht beim Kochen helfen. Sie ist der Meinung, dass das Resultat darunter leidet. »Wenn du mit Liebe kochst, erntest du Liebe«, hat sie immer gepredigt.

Unser Mantra: Koche mit Liebe, verwende frische Produkte, würze nach Geschmack und teile das Essen immer mit anderen.

Tarator/Toum
Knoblauchsauce
Ergibt 300 ml

Servieren Sie diese Sauce zu Grillfleisch oder Falafel.

125 ml Olivenöl
125 ml neutrales Pflanzenöl
12 Knoblauchzehen
¼ TL Salz oder nach Geschmack
Saft von 1 Zitrone

Beide Öle mischen.

Den Knoblauch und das Salz in ein hohes Gefäß geben und mit dem Pürierstab zerkleinern, dabei in einem dünnen steten Strahl die Ölmischung hineingießen. Gelegentlich unterbrechen und die Masse von den Seitenwänden des Gefäßes schaben. Allmählich sollte die Masse cremig werden. Weiter pürieren und sehr langsam das Öl dazugießen, bis alles aufgebraucht ist. Sollte die Masse beim Hineinträufeln des Öls gerinnen, ein wenig vom Zitronensaft hineinträufeln, er hilft, dass die Mischung wieder emulgiert. Sobald alles Öl verbraucht ist, etwa zwei Esslöffel vom Zitronensaft unterrühren. Nach Belieben mit weiterem Zitronensaft oder Salz abschmecken.

Tipp: Diese Sauce kann auch mit Mörser und Stößel zubereitet werden. Gibt man eine gekochte Salzkartoffel in die Sauce, mildert diese den Knoblauchgeschmack. Zudem lässt sich damit auch die Sauce retten, wenn das Öl zu schnell hinzugefügt wurde.

Tahini ma'a haamid wa toum

Tahin mit Zitrone und Knoblauch

Ergibt 300 ml

3 Knoblauchzehen
¼ TL Salz
200 g Tahin
Saft von 2 Zitronen

Den Knoblauch mit etwas Salz im Mörser zu Mus zerstoßen. Knoblauch, Tahin, Zitronensaft, das restliche Salz und etwas Wasser in der Küchenmaschine mischen. Die Sauce sollte leicht flüssig sein – eventuell noch etwas Wasser dazugeben. Nach Geschmack würzen.

Tahini salsa

Tahinsauce mit Tomaten und Petersilie

Ergibt 300 ml

2 Knoblauchzehen
½ TL Salz
150 g Tahin
Saft von 2 Zitronen
1 Tomate, fein gehackt
1 EL fein gehackte glatte Petersilie

Den Knoblauch mit etwas Salz im Mörser zu feinem Mus zerstoßen. Das Tahin in eine Schüssel geben, den Knoblauch hinzufügen und mit dem Stößel vermengen. Den Zitronensaft und so viel Wasser nach und nach hineingießen und rühren, bis die Sauce cremig ist. Die Tomate und Petersilie unterziehen. Abschmecken.

Jibneh layyin
Libanesischer Sauermilchkäse

Ergibt 10 Stück

Für dieses Rezept brauchen Sie ein zwei Liter fassendes, sterilisiertes Einmachglas oder zwei bis drei kleinere Gläser mit großer Öffnung. Der Käse schmeckt ausgezeichnet zu Gemüse.

4 l Vollmilch
¼ TL Labpulver oder fein zerstoßene Labtabletten
Salz

Die Milch in einem großen Topf bei mittlerer Temperatur auf 43 °C erwärmen; von der Kochstelle nehmen und 1 Minute rühren. Das Lab dazugeben und erneut rühren, am besten mit den Händen, dabei darauf achten, dass sich das Lab auflöst. Den Deckel auf den Topf legen, diesen mit einer Wolldecke umwickeln und 1 Stunde so stehen lassen.

Den Topf auswickeln und die Flüssigkeit erneut mit den Händen etwa 30 Sekunden umrühren. Während des Rührens die Finger spreizen, damit die Milch hindurchströmen kann; in der Flüssigkeit bilden sich schwammartige Stücke. Diese Stücke zu einem Hügel formen, dann vorsichtig mit einem großen Sieb runterdrücken und die austretende Flüssigkeit mit einem Schöpflöffel oder einer Tasse aus dem Sieb schöpfen. Fortfahren, bis der größte Teil der Flüssigkeit entfernt und der Käse übrig geblieben ist.

Eine Handvoll Käse herausnehmen, vorsichtig die restliche Flüssigkeit herausdrücken und einen Laib von drei Zentimeter Höhe und 8–10 Zentimeter Durchmesser formen. Ein Sieb mit Baumwolle oder Musselin auslegen, dieses in eine Schüssel hängen und den geformten Käse hineinlegen. Weitere Käse formen. Die fertigen Käse etwa 1 Stunde abtropfen lassen und dabei alle 5 Minuten wenden, damit sie nicht die Form verlieren.

Nachdem alle Flüssigkeit abgetropft ist, die Käse auf ein kaltes Blech legen und entweder sofort mit Salz würzen oder zwei Tage ungesalzen im Kühlschrank stehen lassen.

Soll der Käse länger aufbewahrt werden, diesen mit ½ Teelöffel Salz bestreuen. Einen Liter Wasser mit einem Esslöffel Meersalz kochen, bis sich das Salz aufgelöst hat und über Nacht abkühlen lassen. Den Käse in ein zwei Liter fassendes, sterilisierte Glas geben und mit der Lake übergießen. Kann bis zu 1 Woche im Kühlschrank aufbewahrt werden.

Salsat banadoora
Tomatensalsa
Ergibt 1,5 Liter

Diese Salsa passt hervorragend zu Gegrilltem, gekochten Kartoffeln und schmeckt auch in Eintöpfen und Schmorgerichten. Wenn Sie weniger zubereiten wollen, können Sie die Mengenangaben einfach halbieren.

2 kg reife Eiertomaten, vom Stielansatz befreit und geviertelt, austretenden Saft auffangen
16 Knoblauchzehen
1 ½ EL Salz
2 Äpfel (Granny Smith), geschält, vom Kerngehäuse befreit und gewürfelt
3 Zwiebeln, gehackt
3 kleine rote Chilischoten, von den Samen befreit und gehackt

Die Tomaten mitsamt ihrem Saft 10 Minuten in einem großen Topf bei mittlerer Temperatur garen, bis sie weich sind, dabei gelegentlich umrühren. Die Tomaten in ein Sieb, das in einer Schüssel hängt, abgießen und dann durch das Sieb drücken, sodass möglichst alle Flüssigkeit aus den Tomaten in die Schüssel gelangt. Die im Sieb verbliebenen festen Bestandteile wegwerfen.

Den Tomatensaft mit sämtlichen anderen Zutaten zurück in den Topf geben und bei hoher Temperatur zum Kochen bringen, gelegentlich umrühren. Die Wärmezufuhr verringern und die Salsa etwa 1 Stunde unter gelegentlichem Rühren garen, bis die Äpfel und der Knoblauch weich geworden sind. Noch vorhandene größere Stücke leicht zerdrücken und die Salsa abschmecken.

Tipp: Die Salsa zum Aufbewahren in ein sterilisiertes Glas füllen und dieses dicht verschließen. Nach dem Öffnen im Kühlschrank aufbewahren.

Dummus fool
Dicke Bohnen mit Olivenöl
Für 6 Personen

Dieser Dip wird als Dummus fool bezeichnet, wenn er mit Dicken Bohnen zubereitet wird. Dummus hummus wird daraus, wenn man ihn mit Kichererbsen herstellt. Hier habe ich beides verwendet. Servieren Sie ihn mit Eiern zum Frühstück oder als Teil eines Büfetts.

150 g getrocknete Dicke Bohnen oder 220 g getrocknete Kichererbsen oder jeweils die Hälfte von beiden Mengen
1 Knoblauchzehe
Saft von 1 Zitrone
1 kleine Handvoll glatte Petersilie, fein gehackt
½ TL Salz
1 EL natives Olivenöl extra

Die Dicken Bohnen und/oder die Kichererbsen über Nacht in Wasser einweichen. Dann in ein Sieb abgießen, abspülen und abtropfen lassen.

Die Dicken Bohnen und/oder die Kichererbsen separat in Wasser weich kochen – die Dicken Bohnen etwa 1 Stunde, die Kichererbsen 30–40 Minuten. In ein Sieb abgießen, abtropfen und abkühlen lassen.

Den Knoblauch mit einer Prise Salz in einem großen Mörser zerstoßen.

Die Bohnen und/oder die Kichererbsen dazugeben und vorsichtig zerdrücken. Die Bohnen platzen dabei leicht auf, behalten aber ihre Form – so nehmen sie besser andere Aromen auf. Die restlichen Zutaten untermischen.

Khobz maqli
Gebratenes Brot
Für 6 Personen

500 ml Pflanzenöl
6 libanesische Brote, in Dreiecke geschnitten

Das Öl in einer großen Pfanne erhitzen. Die Brotstücke darin portionsweise etwa 30 Sekunden, bis sie goldbraun und knusprig sind, anbraten; einmal wenden. Aus der Pfanne nehmen und auf Küchenpapier abtropfen lassen.

Salatat il hindbeh
Friséesalat
Für 4 Personen

1 Kopf Frisée
4 Tomaten, gewürfelt
1 Knoblauchzehe
¼ TL Salz oder nach Geschmack
1 EL natives Olivenöl extra
Saft von 1 Zitrone

Den Friséesalat waschen und die harten Stiele entfernen. Die Blätter zu einem Bund zusammenfassen, in drei oder vier Teile schneiden und mit den Tomaten in eine Schüssel geben.

Den Knoblauch mit einer Prise Salz im Mörser zerstoßen. Öl und Zitronensaft hinzufügen, abschmecken. Zu dem Salat geben und unterheben.

Sleeh maslooh
Blanchierter Friséesalat
Für 4 Personen

1 Kopf Frisée
2 Knoblauchzehen
¼ TL Salz oder nach Geschmack
1 EL natives Olivenöl extra
Saft von 1 Zitrone

Den Friséesalat waschen und die harten unteren Stängel entfernen. Die Blätter zu einem Bund fassen und in drei oder vier Teile schneiden.

Den Salat in kochendem, gesalzenem Wasser etwa 30 Minuten kochen, bis er sehr weich ist. Dabei wechselt er die Farbe von Hell- nach Dunkelgrün. In ein Sieb abgießen und abkühlen lassen.

Nach dem Erkalten einige Blätter mit den Händen zu einer faustgroßen Kugel formen. So viel Flüssigkeit wie möglich herausdrücken, aber die Kugelform beibehalten. Die Kugeln in eine Schüssel legen.

Den Knoblauch mit einer Prise Salz im Mörser zerstoßen. Öl und Zitronensaft dazugeben; abschmecken. Über die Salatkugeln träufeln und diese darin wenden.

♦ Gemeinsam kochen

Khiyaar bi laben
Gurkensalat mit Joghurt
Für 4–6 Personen

Dieser Salat schmeckt – für sich allein oder als Beilage – fantastisch, insbesondere gekühlt.

6 Minigurken
2 Knoblauchzehen
¼ TL Salz
1 TL getrocknete Minze, plus etwas Minze zum Servieren
500 ml Naturjoghurt oder Laben (siehe Seite 30)

Die Gurken waschen und die Enden kappen. Dann streifenweise schälen, der Länge nach halbieren und in Stücke schneiden.
Den Knoblauch mit einer Prise Salz und der Minze im Mörser zerstoßen, mit dem Joghurt in einer Schüssel vermengen und abschmecken. Die Gurken hinzufügen und untermischen. In eine Servierschüssel füllen und mit Minze garnieren.

Tipp: Unter den Salat können kalte Nudeln, Spaghetti passen gut, gemischt werden.

Salatat malfoof
Spitzkohlsalat
Für 6 Personen

2 Knoblauchzehen
⅛ TL Salz
½ kleiner Spitzkohl, in feine Streifen geschnitten
Saft von 2 Zitronen
1 EL natives Olivenöl extra
2 Tomaten, gewürfelt

Den Knoblauch mit einer Prise Salz im Mörser zerstoßen.
Sämtliche Zutaten in eine Salatschüssel geben und vermengen; abschmecken.

Passt zu: Dieser Salat schmeckt gut zu Linsen und Reis (siehe Seite 164).

Taboulé
Für 6 Personen

Die meisten in meiner Familie bereiten diesen frischen grünen Salat ohne Bulgur zu. Probieren Sie beide Varianten – mit und ohne Bulgur –, um herauszufinden, welche Ihnen besser schmeckt.

- 45 g feiner Bulgur, nach Belieben
- 3 Bund glatte Petersilie
- 1 kleine Handvoll Minze
- 5 Strauchtomaten
- 1 TL Salz oder nach Geschmack
- ⅛ TL Sumach
- ⅛ TL Chilipulver
- ¼ TL fein gemahlener schwarzer Pfeffer
- 1 rote Zwiebel, fein gehackt
- 125 ml Zitronensaft
- 2 EL natives Olivenöl extra

Den Bulgur, falls verwendet, gut waschen und abtropfen lassen.

Die Petersilie gründlich waschen und dann mit einer Prise Salz kurz in Wasser legen. Erneut waschen, bis das Wasser sauber bleibt. Zwischendurch immer wieder ausschütteln. Die Petersilie auf ein Geschirrtuch legen oder zum Abtropfen aufhängen.

In meiner Familie schneidet man seit jeher jedes Bund auf und legt die Petersilienzweige zum Abtropfen auf ein Geschirrtuch. Es entstehen schöne Bunde, wenn man jeweils einen Stängel an den anderen legt, sodass die glatten Blätter auf einer Höhe und gleichmäßig verteilt sind. Längere Stängel bricht man heraus, sodass ein gleichförmiger Strauß entsteht. Diese mühselige Arbeit war der einzige Nachteil an der Zubereitung meines Lieblingssalats. Heute schummele ich, lasse die Bunde so, wie ich sie gekauft habe (zusammengebunden) und schneide die Stängel ab. Dann arbeite ich so weiter, wie man es mir beigebracht hat.

Die Petersilienblätter fein hacken und in eine Schüssel geben. Die Minze fein hacken und hinzufügen. Den Bulgur, falls verwendet, gut ausdrücken und zu den Kräutern geben.

Die Tomaten würfeln und in einem Sieb, das in einer Schüssel hängt, abtropfen lassen. Die abgetropften Tomaten und ein wenig von ihrem Saft zu den Kräutern geben.

Das Salz, den Sumach, das Chilipulver und den schwarzen Pfeffer mit der gehackten Zwiebel mischen und zu den Kräutern geben. Den Zitronensaft und das Öl darübergießen und entweder mit den Händen oder einem Salatbesteck vermengen. Abschmecken und nach Belieben noch Gewürze, Öl oder Zitrone dazugeben.

Tipp: Nach dem Zerkleinern sollten etwa 160 Gramm (drei große Handvoll) Petersilie verblieben sein.

Fattoush

Für 6 Personen

»Dies ist unser schneller Salat mit Zutaten aus unseren Gärten. Der Portulak dominiert das Aroma – die anderen Zutaten sollten es unterstreichen, aber nicht übertönen.« Tante Therese

1 große Handvoll Portulak (siehe Einkaufstipp)
2 kleine Knoblauchzehen
½–1 TL Salz
4 EL natives Olivenöl extra, plus etwas Olivenöl zum Beträufeln
3 Strauchtomaten, grob gehackt
2 Minigurken, halbiert und in Scheiben geschnitten
2 Radieschen mit Blättern, gewaschen und in Stücke geschnitten
½ rote Zwiebel, in feine Ringe geschnitten
1 kleine Handvoll glatte Petersilie
1 kleine Handvoll Minze, grob gehackt
Saft von ½ Zitrone
½ TL Sumach
Libanesisches Brot, halbiert, zum Servieren

Den Portulak im Spülbecken oder einer Schüssel waschen. Die Blätter sind empfindlich, deshalb vorsichtig damit umgehen. Abtropfen lassen und beiseitestellen.

Den Knoblauch mit einer Prise Salz im Mörser zerstoßen und dann mit dem Öl und ½ Teelöffel Salz in einer Salatschüssel verrühren, bis sich das Salz aufgelöst hat. Das Gemüse, die Kräuter, den Zitronensaft und den Sumach dazugeben und alles vermengen. Den Salat kosten und nach Belieben das restliche Salz hinzufügen.

Das Brot backen oder rösten, bis es knusprig ist, und auf einem Extrateller zu dem Salat servieren. Jeder kann sich dann ein Stück davon abbrechen. Man kann die Brotstücke aber auch in die Salatschüssel geben und mit Öl beträufeln. Dieses Gericht wird normalerweise mit den Händen gegessen.

Einkaufstipp: Kaufen Sie den Portulak beim Gemüsehändler oder auf dem Markt – auch in libanesischen, asiatischen oder italienischen Geschäften bekommt man ihn meistens. Eine Alternative dazu ist der Anbau im eigenen Garten. Nach Belieben kann man auch Brunnenkresse verwenden, so wie wir es in diesem Fall getan haben.

Salatat lubnaniyeh
Libanesischer Salat
Für 4 Personen

1 Knoblauchzehe
¼ TL Salz
1 EL natives Olivenöl extra
Saft von 1 Zitrone
4 Minigurken, gehackt
2 Tomaten, gehackt
1 Handvoll glatte Petersilie, gehackt
1 kleine Handvoll Minze, gehackt
1 rote Zwiebel, fein geschnitten

Den Knoblauch mit einer Prise Salz im Mörser zerstoßen. Das Öl, den Zitronensaft und das restliche Salz dazugeben und unterrühren, abschmecken.

Alle weiteren Zutaten in einer Salatschüssel vermengen, das Dressing darüber verteilen und unterheben.

Salatat baleh
Portulak-Salat
Für 4 Personen

1 große Handvoll Portulak (siehe Einkaufstipp Seite 56)
2 Knoblauchzehen
¼ TL Salz
1 EL natives Olivenöl extra
Saft von 1 Zitrone
2 Minigurken, gewürfelt
2 Tomaten, gewürfelt

Den Portulak im Spülbecken oder in einer Schüssel waschen. Die Blätter sind empfindlich, also Vorsicht. Abtropfen lassen und in eine Salatschüssel geben.

Den Knoblauch mit einer Prise Salz im Mörser zerstoßen. Das Öl, den Zitronensaft und das restliche Salz hinzufügen und unterrühren; abschmecken und zu dem Salat geben. Die restlichen Zutaten hinzufügen, den Salat gut mischen und servieren.

Salatat shanklish
Schanklisch-Salat
Für 4 Personen

2 Chicorée, in Blätter zerteilt
1 Salatherz, in Blätter zerteilt
1 Bund Rucola, die größeren Blätter klein geschnitten
1 rote Zwiebel, in feine Scheiben geschnitten
4 Radieschen, halbiert und in Scheiben geschnitten
2 Minigurken, gewürfelt
Saft von 1 Zitrone
1 EL natives Olivenöl extra
¼ TL Salz
1 Labneh-Käsekugel (siehe Seite 35)

Die Salatblätter, Zwiebel, Radieschen und Gurken in eine Salatschüssel geben. Den Zitronensaft, das Öl und das Salz verrühren. Über den Salat gießen und unterheben. Die Labneh-Käsekugel darüberkrümeln.

Salatat shanklish basiita
Einfacher Salat mit Schanklisch
Für 4 Personen

Falls Sie sehr kleine Schanklisch-Kugeln haben, nehmen Sie für diesen Salat zwei Stück. Schanklisch-Salate werden gerne auf einem Büfett serviert.

1 Tomate, klein gewürfelt
1 kleine rote Zwiebel, fein gehackt
1 Handvoll glatte Petersilie, gehackt
1 Schanklisch-Kugel (siehe Seite 35)
1 EL natives Olivenöl extra
¼ TL Salz

Tomate, Zwiebel und Petersilie einer Schüssel vermengen. Den Schanklisch darüberkrümeln. Das Öl dazugießen, das Salz hineinstreuen und alles vermengen.

Salatat dimaagh il ghanem
Salat mit Schafshirn
Für 8–12 Personen

Der Geschmack dieses Salats ist etwas ungewöhnlich, es lohnt sich aber, ihn zu probieren. Er kann als Vorspeise, auf einem Büfett oder wie hier als Hauptmahlzeit mit Brot serviert werden.

6 Schafshirne
1 TL Salz
1 Zimtstange
2 EL gehackte glatte Petersilie
2 TL fein gehackte Minze
2 Knoblauchzehen
½ TL Chilipulver, nach Belieben
Saft von 1 Zitrone
1 EL natives Olivenöl extra

Die Schafshirne gut waschen, damit alles Blut entfernt ist. Die Hirne in einem Kochtopf mit Wasser bedecken. Das Salz und den Zimt hinzufügen und alles zum Kochen bringen; 10–15 Minuten kochen lassen. In ein Sieb abgießen, abtropfen und abkühlen lassen.

Alle Häute abziehen, falls nötig, und die Hirne in zwei Hälften schneiden. Jede Portion noch einmal teilen. Mit den Kräutern in eine Salatschüssel geben.

Den Knoblauch mit einer Prise Salz im Mörser zerstoßen. Das Chilipulver, falls verwendet, den Zitronensaft und das Olivenöl dazugeben und untermengen. Die Salatsauce über den Zutaten in der Schüssel verteilen und alles durchmischen.

Salatat banadoora wa nahnah
Tomatensalat mit getrockneter Minze
Für 4 Personen

3 Tomaten, fein gewürfelt
1 rote Zwiebel, fein gehackt
1 Knoblauchzehe
⅛ TL Salz oder nach Geschmack
½ TL getrocknete Minze
1 EL natives Olivenöl extra

Die Tomaten und die Zwiebel in einer großen Schüssel vermengen. Den Knoblauch mit dem Salz im Mörser zerstoßen. Die Minze und das Öl dazugeben und untermengen. Das Dressing über den Salat gießen und unterheben.

Passt zu: Tomatensalat mit getrockneter Minze schmeckt gut zu Linsen und Reis (siehe Seite 164).

Za'atar
Unser Familienrezept für die Za'atar-Gewürzmischung
Ergibt etwa 200 g

110 g Sesam
40 g getrockneter Thymian
60 g Sumach
1¼ TL Salz

Den Sesam in einer antihaftbeschichteten Pfanne bei mittlerer bis hoher Temperatur kurz rösten, bis er goldbraun ist, dabei ständig rühren. Aus der Pfanne nehmen und auf Raumtemperatur abkühlen lassen. Mit den restlichen Zutaten vermischen. Das Gewürz ist luftdicht verschlossen bis zu drei Monate haltbar.

♦ Gemeinsam kochen

2
Tante Rosa
Alles aus dem Garten

Säen, pflegen, ernten und genießen

»Mutter hat unser Gemüse selbst gezogen – es sah so einfach aus. Ihr Motto lautete: ›Lasse wachsen, was du säst.‹« Tante Rosa

Alle Frauen aus meiner Familie haben einen üppigen Gemüsegarten. Citi Leila und ihre Töchter scheuen sich nicht, bei jeder Gelegenheit mit ihrer Ernte, die sie Tag für Tag in ihren Küchen zubereiten, untereinander zu konkurrieren – dazu zählen Chilischoten, Basilikum, Petersilie, Oregano, Portulak, Gurken, Salat, Bohnen, Brokkoli, Chicorée, Brunnenkresse, Knoblauch, Minze, Tomaten, Zwiebeln, Oliven und Zitronen. Es wäre nicht sehr diplomatisch von mir, zu bewerten, wer das beste Gemüse anbaut, denn das Gärtnern ist für meine Tanten ein sportlicher Wettkampf, den sie von ihrer Mutter übernommen haben.

Citi hat einen grünen Daumen – alles, was sie anpflanzt, wächst. Die Ernte teilt sie normalerweise mit allen in ihrer großen Familie. Um nicht das Schicksal herauszufordern und diese Gabe zu verlieren, wenn sie stolz damit angibt, singt sie oft: *Issim e salib* (im Namen des Kreuzes). »Bei mir ist noch nie eine Pflanze eingegangen«, erklärt sie, nachdem sie sich zum Schutz ihres heiligen Gartens bekreuzigt hat. Wenn ihr Feigenbaum überreichlich Früchte trägt, begrüßen uns diese bei einem Besuch. Und stets bekommen wir auch reichlich davon mit nach Hause. Die vollreifen Feigen werden zu ihrer berühmten Feigen- und Nuss-Konfitüre verarbeitet. Wenn wir zum Kochen Weinblätter benötigen, bedienen wir uns an ihren imposanten Rebstöcken, die über einer Pergola aus Drahtgeflecht wuchern.

Als man bei Tante Rosa Krebs diagnostizierte, unterzog sie sich einer Chemotherapie und verwandelte ihren Garten. Sie und ihr Ehemann Tony bauten vermehrt Mangold und Spinat an, um

◆ Alles aus dem Garten

mehr Eisen zu sich zu nehmen. Meine Familie setzte für medizinische Zwecke immer den traditionellen Mangold aus dem Mittleren Osten und Linsensuppe ein. Auch alle meine Tanten achteten darauf, dass während der Behandlung ihrer Schwester immer ein Beet damit bepflanzt war. Als ich Tante Rosa fragte, was der Gemüsegarten für sie bedeute, sagte sie: »Ich mag, dass ich es gepflanzt habe und dass es direkt aus meinem Garten auf den Tisch der Familie kommt.« Die Krankheit hat auch ihre Sichtweise verschoben. Sie achtet jetzt mehr auf den Nährwert von Lebensmitteln und beschäftigt sich mit der Heilwirkung von allem, was in ihrem Garten wächst. »Wir haben uns immer gesund ernährt«, erklärte sie, »aber wenn wir jetzt Pflanzen wie Minze oder Petersilie in ein Gericht geben, richtet sich unser Augenmerk stärker auf die Wirkstoffe als auf den Geschmack.«

Der Garten ist ihre Domäne, er ist ein winziges Überbleibsel des Landlebens, das sie in ihrer Jugend im Libanon hinter sich gelassen hat. Wenn sie über ihn spricht, denkt sie an ihre Kindheit im Dorf Becharee und wie sie sich auf den Frühling freute. Nachdem die Kinder im Winter bis zu drei Monate des Schnees wegen vorwiegend im Haus bleiben und auf die wärmeren Monate warten mussten, fieberten sie dem bevorstehenden Frühling entgegen. »Wir waren wie Vögel, die man aus einem Käfig befreit hatte.« Es war immer eine Erlösung, sich der vielen Lagen von Kleidung entledigen zu können, und sie zählte die Tage bis zu den Schulferien, die den ganzen Sommer über dauerten. Sie wartete auf das Geräusch fließenden Wassers, denn es bedeutete, dass der nahegelegene Wasserfall aufgetaut und das offizielle Ende des Winters gekommen war. Mit der Schneeschmelze war auch der Spielplatz wieder zugänglich – die Obstgärten. Hier verbrachten Tante Rosa und die Dorfkinder den Tag damit, auf die Bäume zu klettern und von den Früchten zu naschen. Sie konnten es kaum abwarten, bis

◆ Alles aus dem Garten

das Obst groß, reif und saftig war. Zu Tante Rosas Gaumenfreuden zählten aber auch saure, unreife Äpfel. »Sie haben mir immer geschmeckt, auch wenn sie noch nicht reif waren«, erinnert sie sich. Waren die Äpfel dann reif, schnitt sie von diesen einen Deckel ab, schabte das Fruchtfleisch heraus, aß es auf und ließ nur eine dünne Schicht unter der Schale übrig. Dann füllte sie die ausgehöhlten Äpfel mit Blau- oder Maulbeeren, die sie zum Frühstück aß.

Im Sommer musste unglaublich viel gepflegt und geerntet werden, damit man das Jahr über davon leben konnte. »Die ganze Dorfgemeinschaft tat sich zusammen«, erklärt Tante Rosa, »um den Boden zu düngen, damit die Ernte üppig ausfiel.« In der warmen Jahreszeit wurden die Produkte geerntet und frisch verzehrt. Im Spätsommer ging es dann los mit dem Einlegen und Einkochen. Man wollte vorbereitet sein, wenn der erste Schnee des Winters die Berge einhüllte.

Citi erbte von ihrem Vater einen Hof, auf dem Kartoffeln angebaut wurden. Die Familie baute außerdem noch Äpfel an. Diese wurden in Steigen gelagert und verkauft. »Wir lernten, die besten Früchte auszuwählen, und diese wurden dann zu den anspruchsvollen Märkten in das Ausland exportiert«, erzählt Tante Rosa voller Stolz. Sie erinnert sich gerne daran, wie sie zusammen mit ihrer Mutter und den Geschwistern auf den Kartoffelfeldern war. Sie hatten den ganzen Tag im Freien gearbeitet und waren ausgesprochen hungrig und müde, aber »plötzlich tauchte ein Mann auf, der Tabletts voll mit unseren Lieblingsdesserts trug«. Dieser Händler wollte die Süßspeisen gegen Kartoffeln eintauschen. Citi kaufte drei große Tabletts *namoora*, *ghraybeh* und *foosteeyeah* und gab sie den Kindern. Dann half sie dem Mann beim Lesen seiner Kartoffeln. Als sie zu ihren Kindern zurückkehrte, lagen diese auf dem Boden und hatten Bauchschmerzen. Neben ihnen standen drei leere Tabletts.

Alles aus dem Garten

»Es hat schon eine ganze Weile gedauert, bis ich auch nur eine dieser Süßspeisen wieder essen konnte«, lacht Tante Rosa.

Als Selbstversorger lebte die Familie im Rhythmus der Jahreszeiten. »Wir standen im Einklang mit der Natur«, erklärt Tante Rosa. »Im Frühling blühten zuerst die Birnen-, dann die Apfelbäume. Es folgten die Kirsche, die Aprikose, der Pfirsich und zuletzt freuten wir uns auf die Pflaumenbäume«, sagt sie. Milch, Käse, Laben und Labneh, alles kam von unserer einzigen Ziege – »unserem Haus- und Nutztier« wie sie diese im Spaß nennt. Die Olivenhaine lieferten sehr viel mehr als nur Oliven. Meine Familie stellte daraus Olivenöl, Olivenbutter und Olivenölseifen her.

»Das Leben in Australien kam mir anfangs unglaublich langweilig vor«, gibt Tante Rosa zu. Frühmorgens vermisste sie den Weckruf der Hähne. »Wir wechselten uns damit ab, die Hühner aus dem Stall zu lassen und sperrten sie vor Sonnenuntergang wieder ein.« Hätten sie das nicht getan, »wäre dies das Ende von Ei und Huhn auf dem Speiseplan gewesen«.

Die ordentlich aneinandergereihten Backsteinhäuser in Sydney sahen so völlig anders aus als diejenigen Bauten, die sich daheim im Libanon waghalsig an Berghänge schmiegten. Tante Rosa wollte einfach nicht einleuchten, warum man in Australien einen Zaun um Haus und Garten zog. »Ich fühlte mich wahnsinnig eingeengt und meine einzige Zuflucht war der Maulbeerbaum in unserem Garten«, erinnert sie sich. »Nach der Schule verbrachte ich meist die Zeit damit, darauf herumzuklettern und Früchte zu naschen. Dort fühlte ich mich meiner Heimat am nächsten.« Aber schon bald wurde ein Aprikosenbaum gepflanzt, und nachdem sich ihre Eltern allmählich im neuen Land eingelebt hatten, begannen sie damit, Pflanzen so zu kultivieren, wie sie es auch daheim getan hatten.

Bemeh ma'a lahem
Okra-Lammfleisch-Topf
Für 6 Personen

1 kg Okraschoten
4 EL Olivenöl
60 g Butter
3 Zwiebeln, in grobe Stücke geschnitten
500 g ausgelöste Lammkeule, in 2,5 cm großen Würfel geschnitten
2 EL Tomatenmark
4 reife Eiertomaten, überbrüht, enthäutet und gewürfelt
6 Knoblauchzehen
1 EL gehacktes Koriandergrün
1 TL Salz
1½ TL Baharat-Gewürzmischung meiner Familie (siehe Seite 22)
⅛ TL Chilipulver, nach Belieben
Saft von 1 Zitrone

Die Okraschoten gründlich waschen, dann in ein Geschirrtuch wickeln und trocken tupfen. Mit einem scharfen Messer die Stängel bleistiftspitzenförmig abschneiden, dabei darauf achten, die Schoten nicht zu verletzen, weil sonst deren schleimige Flüssigkeit beim Kochen austritt.

Das Öl in einer großen Pfanne bei mittlerer Temperatur erhitzen. Die Okra portionsweise nebeneinander hineinlegen und auf einer Seite braten, bis sie etwas weicher geworden sind. Aus der Pfanne nehmen und entweder auf einem Kuchengitter oder auf Küchenpapier abtropfen lassen. Diesen Vorgang mit den restlichen Schoten wiederholen, falls nötig noch etwas Öl dazugießen.

Die Butter in einem großen Topf bei mittlerer bis niedriger Temperatur erhitzen und die Zwiebeln darin weich und glasig garen. Das Lammfleisch dazugeben und unter gelegentlichem Rühren hellbraun anbraten. 375 Milliliter Wasser dazugießen und bei hoher Temperatur zum Kochen bringen. Sobald es kocht, den Deckel auflegen, die Wärmezufuhr verringern und das Fleisch etwa 30 Minuten, bis es zart ist, schmoren.

Das Tomatenmark mit drei Esslöffeln Wasser verrühren und zusammen mit den Tomaten, dem Knoblauch, dem Koriandergrün, dem Salz, der Baharat-Gewürzmischung und dem Chilipulver, falls verwendet, unter das Fleisch rühren. Die Okraschoten dazugeben.

Alles vorsichtig vermengen und 10 Minuten zugedeckt köcheln lassen. Mit dem Zitronensaft beträufeln und servieren. Am besten schmeckt gekochter Reis mit Eiernudeln dazu (siehe Seite 36).

Loubyeah otah
Geschmorte grüne Bohnen
Für 4–6 Personen

Vergewissern Sie sich, dass die Bohnen zart sind, ehe Sie die Tomaten dazugeben, denn die in den Tomaten enthaltene Säure verhindert das Nachgaren der Bohnen.

1 kg grüne Bohnen
6 Knoblauchzehen
170 ml Olivenöl
2 Zwiebeln, gehackt
1 TL Salz
1 lange rote oder grüne Chilischote, von den Samen befreit und gehackt, nach Belieben (siehe Tipp)
3 reife Eiertomaten, blanchiert, enthäutet und gewürfelt
½ TL gemahlener Kreuzkümmel
½ TL fein gemahlener libanesischer schwarzer Pfeffer, nach Belieben (siehe Tipp)

Die Bohnen putzen und je nach Größe in zwei oder drei Teile brechen. Waschen und abtropfen lassen.

Drei Knoblauchzehen klein schneiden, die restlichen ganz lassen.

Das Öl in einem Topf bei mittlerer Temperatur erhitzen und die Zwiebeln darin goldbraun anbraten. Den gehackten Knoblauch dazugeben und etwa 3 Minuten garen. Die Bohnen, das Salz und, falls verwendet, den Chili dazugeben und, ohne zu rühren, 5 Minuten garen. Jetzt so lange rühren, bis die Zwiebeln praktisch zerfallen. Wenn die Mischung zu trocken geworden ist, 125 Milliliter Wasser dazugießen.

Einen Deckel auf den Topf legen, die Wärmezufuhr verringern und alles 20 Minuten köcheln lassen, dabei ein- bis zweimal umrühren. Dann die Tomaten, die ganzen Knoblauchzehen, den Kreuzkümmel und den Pfeffer, falls verwendet, dazugeben und das Gericht weitere 10 Minuten garen. Am besten schmeckt gekochter Reis mit Eiernudeln dazu (siehe Seite 36).

Tipp: Meine Mutter verwendet für dieses Gericht nur eine »scharfe« Zutat, entweder Chili oder Pfeffer, aber nicht beides.

Fasolia otah
Vegetarischer Weiße-Bohnen-Schmortopf
Für 6–8 Personen

400 g getrocknete Borlotti-Bohnen
4 EL Olivenöl
4 Zwiebeln, grob gehackt
1 rote Paprikaschote, von den Samen befreit und in Stücke geschnitten
6 Knoblauchzehen, grob gehackt
1 lange rote Chilischote, von den Samen befreit und gehackt
6 reife Eiertomaten, überbrüht, enthäutet und gewürfelt
1 EL Basilikum, fein gehackt
1 TL gemahlener Kreuzkümmel
¼ TL gemahlener Zimt
Salz
2 EL Tomatenmark

Die Bohnen über Nacht in Wasser einweichen. In ein Sieb abgießen, abspülen und abtropfen lassen.

Die Bohnen in einem Liter Wasser bei hoher Temperatur erhitzen. Sobald das Wasser kocht, die Wärmezufuhr verringern, den Deckel auflegen und die Bohnen etwa 1 Stunde köcheln lassen, bis sie weich sind.

In einem zweiten Topf das Öl erhitzen und die Zwiebeln darin bei niedriger Temperatur anschwitzen, bis sie weich werden. Die Paprika hinzufügen und etwa 1 Minute anbraten. Den Knoblauch, den Chili, die Tomaten, das Basilikum, den Kreuzkümmel, den Zimt sowie etwas Salz hineingeben und etwa 20 Minuten garen, dabei gelegentlich umrühren.

Die Bohnen in einen Durchschlag abgießen und dann in den Topf mit dem Gemüse geben. Das Tomatenmark in 125 Milliliter heißem Wasser auflösen und unter die Bohnen rühren. Bei starker Hitze zum Kochen bringen. Die Temperatur reduzieren und das Gericht weitere 20 Minuten zugedeckt köcheln lassen; abschmecken. Sehr gut schmeckt gekochter Reis mit Eiernudeln dazu (siehe Seite 36).

◆ Alles aus dem Garten

Yakn't
Geschmorte Lammkeule mit Kartoffeln
Für 4 Personen

Pflanzenöl zum Braten
4 Lammkeulen
40 g Butter
2 Zwiebeln, gehackt
½ Knoblauchknolle, die Zehen geschält
1 TL Baharat-Gewürzmischung meiner Familie (siehe Seite 22)
1 TL Salz
6 Kartoffeln, gewaschen, geschält und gewürfelt
125 g Tomatenmark

In einem großen Topf bei hoher Temperatur etwas Öl erhitzen und die Lammkeulen darin scharf anbraten, bis sie rundherum braun sind; aus dem Topf nehmen.

Den Herd auf schwache Hitze schalten, die Butter in dem Topf zerlassen und die Zwiebeln darin glasig schwitzen. Die Knoblauchzehen, die Baharat-Gewürzmischung sowie das Salz dazugeben und gut umrühren. Die Lammkeulen wieder in den Topf legen.

Drei Liter Wasser angießen, zum Kochen bringen und das Fleisch etwa 1 Stunde zugedeckt köcheln lassen, bis es zart ist. Dann die Kartoffeln und das Tomatenmark dazugeben und 30 Minuten garen; abschmecken. Passt gut zu gekochtem Reis mit Eiernudeln (siehe Seite 36).

Fassoulia
Lamm-Schmortopf mit weißen Bohnen
Für 6 Personen

400 g getrocknete weiße Bohnen (Cannellini-Bohnen)
Pflanzenöl zum Braten
6 Stück Lammschulter mit Knochen
3 Zwiebeln, grob gehackt
10 Knoblauchzehen, zerquetscht
2 kleine Kartoffeln, geschält und gewürfelt
2 EL Tomatenmark
½ TL Salz

Die Bohnen über Nacht einweichen. In ein Sieb abgießen, abspülen und abtropfen lassen.

In einem Topf etwas Öl bei starker Hitze erwärmen und das Fleisch darin, eventuell portionsweise, scharf anbraten, bis es rundherum braun ist. Aus dem Topf nehmen. Den Herd auf schwache Hitze schalten, die Zwiebeln und den Knoblauch in den Topf geben und braten, bis sie weich sind. Die Bohnen, das Fleisch und drei Liter Wasser hinzufügen und zum Kochen bringen.

Die Kartoffeln dazugeben und alles bei ganz schwacher Hitze zugedeckt etwa 2 Stunden garen, bis das Fleisch zart ist. 10 Minuten vor Ende der Garzeit das Tomatenmark und Salz unterrühren.

♦ Alles aus dem Garten

Spenegh
Spinat-Rindfleisch-Topf
Für 6–8 Personen

Für dieses Gericht braucht man Fingerspitzengefühl – alles muss zum richtigen Zeitpunkt hinzugefügt werden. Zudem sollten die Zutaten, nachdem sie in die Pfanne gegeben wurden, mit Sorgfalt behandelt werden.

1,5 kg Spinat
4 EL Pinienkerne
50 g Butter
2 Zwiebeln, gehackt
500 g Rindfleisch, gewürfelt (Schulterstück)
1 Zimtstange
5 Knoblauchzehen, zerquetscht
1 TL fein gehacktes Koriandergrün
5 reife Eiertomaten, blanchiert, enthäutet und gewürfelt
3 EL Zitronensaft
2 TL Salz

Den Spinat gründlich waschen. Die harten Stiele entfernen und wegwerfen, die Blätter grob hacken.

Die Pinienkerne in einer Pfanne ohne Fett goldbraun rösten. Aus der Pfanne nehmen und beiseitestellen.

Die Butter in einem großen Topf bei mittlerer Temperatur zerlassen und die Zwiebel darin glasig schwitzen. Das Fleisch und die Zimtstange dazugeben und etwa 10 Minuten anbraten, bis das Fleisch braun ist. Die Röststoffe unterstreichen das Aroma des Gerichts. Den Knoblauch, das Koriandergrün, die Hälfte der Tomaten und 125 Milliliter Wasser hinzufügen und den Deckel auflegen. Alles 30 Minuten bei niedriger Temperatur garen.

Den Spinat, die Pinienkerne und die restlichen Tomaten auf das Fleisch legen und zugedeckt 15 Minuten köcheln lassen.

Etwa 3 Minuten vor Ende der Garzeit vorsichtig den Zitronensaft und das Salz unterrühren. Bei ausgeschaltetem Herd zugedeckt noch 10 Minuten ruhen lassen. Am besten schmeckt gekochter Reis mit Eiernudeln dazu (siehe Seite 36).

Bemeh otah
Vegetarischer Okra-Chili-Topf
Für 6 Personen

1 kg Okraschoten
4 EL Olivenöl
2 EL Pflanzenöl
3 Zwiebeln, gehackt
8 Knoblauchzehen, in Scheiben geschnitten
2 lange rote Chilischoten, von den Samen befreit und in Scheiben geschnitten
4 reife Eiertomaten, blanchiert, enthäutet und gewürfelt
1 kleine Handvoll Koriandergrün, grob gehackt
1 TL gemahlener Kreuzkümmel
Salz

Die Okraschoten gründlich waschen, in ein Geschirrtuch wickeln und trocken tupfen. Die Stängel mit einem kleinen scharfen Messer bleistiftspitzenförmig abschneiden. Die Schoten dabei nicht verletzen, weil sonst eine schleimige Flüssigkeit beim Kochen austritt.

Das Olivenöl in einer Pfanne von mindestens 30 Zentimeter Durchmesser erhitzen und die Okraschoten portionsweise nebeneinander hineinlegen. Die Okra rundherum braten, bis sie etwas weicher geworden sind, eventuell bei der nächsten Portion noch etwas Öl in die Pfanne geben. Aus der Pfanne nehmen und entweder auf einem Kuchengitter oder auf Küchenpapier abtropfen lassen.

Das Pflanzenöl in einem Topf bei mittlerer Temperatur erhitzen und die Zwiebeln darin braten, bis sie weich werden. Den Knoblauch dazugeben und 1 Minute anbraten. Die Chilischoten, die Tomaten, das Koriandergrün, den Kreuzkümmel und etwas Salz unterrühren und etwa 20 Minuten bei niedriger Temperatur garen. Die Okra vorsichtig untermengen. Am besten passt gekochter Reis mit Eiernudeln dazu (siehe Seite 36).

♦ Alles aus dem Garten

Fasolia bi lahem
Borlotti-Bohnen mit Lamm
Für 4–6 Personen

400 g getrocknete Borlotti-Bohnen
4 EL Butter
4 Zwiebeln, in grobe Stücke geschnitten
500 g Lammkeule, ausgelöst und gewürfelt
1 Zimtstange
1 Kartoffel, geschält und gewürfelt
3 EL Tomatenmark
6 Knoblauchzehen, grob gehackt
⅛ TL Chilipulver, nach Belieben
1 TL Salz
½ TL gemahlener Kreuzkümmel
¼ TL schwarzer Pfeffer

Die Borlotti-Bohnen über Nacht in Wasser einweichen. In ein Sieb abgießen und abtropfen lassen.

Die Butter in einem Topf bei mittlerer Temperatur zerlassen und die Zwiebeln darin garen, bis sie weich sind. Das Lammfleisch und die Zimtstange hinzufügen und unter ständigem Rühren 5 Minuten anbraten. Zwei Liter Wasser oder so viel, dass das Fleisch bedeckt ist, angießen, dann die Bohnen und die Kartoffel dazugeben. Bei starker Hitze zum Kochen bringen. Die Wärmezufuhr verringern und alles zugedeckt etwa 1 Stunde köcheln lassen, bis die Bohnen weich sind.

Das Tomatenmark, den Knoblauch und das Chilipulver, falls verwendet, dazugeben. Umrühren und erneut zugedeckt 15 Minuten bei niedriger Temperatur garen, bis das Fleisch ganz zart ist. Vom Herd nehmen und mit dem Salz, Kreuzkümmel und Pfeffer würzen. Gekochter Reis mit Eiernudeln passt hervorragend dazu (siehe Seite 36).

Loubyeah bi lahem
Grüne Bohnen mit Lammfleisch
Für 6–8 Personen

1 kg grüne Bohnen
40 g Butter
3 Zwiebeln, gehackt
500 g Lammschulter, gewürfelt
1 Zimtstange oder ¼ TL gemahlener Zimt
1 TL Salz
3 reife Eiertomaten, blanchiert, enthäutet und gewürfelt
2 EL Tomatenmark
6 Knoblauchzehen
½ TL gemahlener Kreuzkümmel
½ TL fein gemahlener schwarzer Pfeffer

Die Bohnen putzen und je nach Größe in zwei oder drei Teile brechen. Waschen und abtropfen lassen.

Die Butter in einem großen Topf bei mittlerer Temperatur zerlassen und die Zwiebeln darin anschwitzen, bis sie weich sind. Das Fleisch und die Zimtstange unterrühren (bei Verwendung von gemahlenem Zimt diesen erst später zufügen). Das Fleisch rundherum braun anbraten. Die Bohnen, 500 Milliliter kochendes Wasser, das Salz und den gemahlenen Zimt, falls verwendet, dazugeben und ohne Rühren 3 Minuten erhitzen. Jetzt rühren, bis die Zwiebeln nahezu zergehen und zwischen den Bohnen und dem Fleisch nicht mehr zu erkennen sind. Den Deckel auflegen und alles weitere 10 Minuten garen. Den Deckel abnehmen und überprüfen, wie weich die Bohnen schon sind.

Die Tomaten, das Tomatenmark, den Knoblauch, den Kreuzkümmel und den Pfeffer hinzufügen und das Gericht bei niedriger Temperatur zugedeckt etwa 15 Minuten köcheln lassen, bis die Bohnen gar sind. Am besten schmeckt gekochter Reis mit Eiernudeln dazu (siehe Seite 36).

M'nasleh
Vegetarischer Schmortopf
Für 6–8 Personen

2 ganz reife Auberginen
4 EL Pflanzenöl
4 Zwiebeln, jeweils geviertelt
2 rote Paprikaschoten, fein gewürfelt
200 g Pilze, in Scheiben geschnitten
4 Zucchini, in Scheiben geschnitten
2–3 Knoblauchzehen
½ TL Salz
4 reife Eiertomaten, überbrüht, enthäutet und gewürfelt
1 kleine rote Chilischote, von den Samen befreit und gehackt
1 TL gemahlener Kreuzkümmel

Den Ofen auf 180 °C vorheizen. Die Auberginen schälen und in Würfel von drei Zentimeter Kantenlänge schneiden. Ein Backblech mit etwas Öl einpinseln, die Auberginenwürfel darauf verteilen und im Ofen etwa 15 Minuten backen, bis sie weich sind. Aus dem Ofen nehmen, mit etwas Öl einpinseln und beiseitestellen.

Zwei Esslöffel vom Öl in einer Pfanne bei mittlerer Temperatur erhitzen und die Zwiebeln darin garen, bis sie weich sind. Aus der Pfanne nehmen und zu den Auberginen geben. Die gewürfelten Paprika in der Pfanne unter gelegentlichem Rühren anbraten, bis sie weich werden. Zu dem bereits gegarten Gemüse geben.

Die Pilze kurz anbraten, aber von der Kochstelle nehmen, bevor sie wässrig werden. Zum beiseitegestellten Gemüse geben. Die Zucchini in der Pfanne auf beiden Seiten anbraten, falls nötig mehr Öl dazugießen, ebenfalls zum gegarten Gemüse geben.

Den Knoblauch mit einer Prise Salz im Mörser zerstoßen.

Das gegarte Gemüse und den Knoblauch in einem Topf oder einem Wok bei niedriger Temperatur vermengen. Die Tomaten, den Chili, den Kreuzkümmel und das restliche Salz vorsichtig unterrühren und 5 Minuten garen. Am besten schmeckt gekochter Reis mit Eiernudeln dazu (siehe Seite 36).

♦ Alles aus dem Garten

Harisse
Schneller Lamm-Schmortopf mit Gerste
Für 4 Personen

Dies ist ein sehr altes, nahrhaftes Rezept. Meine Urgroßmutter kochte diese Mahlzeit für ihre zehn Kinder – sieben Jungs und drei Mädchen – und brachte die Zubereitung meiner Mutter bei, die das Gericht heute noch in Ehren hält.

20 g Butter
4 Lammkeulen, das Fleisch ausgelöst und gewürfelt
1 Zimtstange
450 g Gerste
Salz und fein gemahlener schwarzer Pfeffer

Die Butter in einem Topf bei mittlerer Temperatur zerlassen und das Fleisch darin braun anbraten.

Den Zimt, die Gerste und zwei Liter Wasser hinzufügen und bei starker Hitze aufkochen lassen. Dann alles bei mittlerer Temperatur etwa 2 Stunden kochen lassen, bis das Fleisch ganz zart ist und fast schon zerfällt und die Flüssigkeit eingedickt ist, dabei gelegentlich umrühren. Mit Salz und Pfeffer abschmecken.

Batata m'luheyeah
Kartoffel-Tomaten-Topf
Für 4 Personen

4 EL Olivenöl
3 Zwiebeln, fein gehackt
1 lange rote Chilischote, von den Samen befreit und fein gehackt oder ¼ TL Chilipulver, nach Belieben
4 reife Eiertomaten, überbrüht, enthäutet und gewürfelt
6 festkochende Kartoffeln
1 ½ TL Salz

Das Öl in einem Topf bei mittlerer Temperatur erhitzen und die Zwiebeln darin goldbraun anbraten. Bei der Verwendung einer frischen Chilischote diese mit der Zwiebel zusammen garen. Die Tomaten unterrühren und zugedeckt 10 Minuten garen. Die Tomaten dabei aber im Auge behalten und gelegentlich umrühren.

In der Zwischenzeit die Kartoffeln schälen und in einer Schüssel mit kaltem Wasser bedecken. Die Kartoffeln nacheinander aus dem Wasser nehmen und mit einem scharfen Messer oder einem Kartoffelschäler in ganz dünne, etwa zwei Millimeter dicke Scheiben schneiden, danach wieder in die Schüssel legen und die restlichen Kartoffeln schneiden. Die Kartoffelscheiben in ein Sieb abgießen und abspülen.

Die Kartoffeln in den Topf zu den Zwiebeln und Tomaten geben und bei hoher Temperatur unterrühren. Einen Deckel auf den Topf legen und das Gericht unter gelegentlichem Rühren zum Kochen bringen. Die Wärmezufuhr auf mittlere Stufe reduzieren und nach 10 Minuten überprüfen, ob die Kartoffeln weich werden. Die Temperatur auf niedrige Stufe stellen, das Chilipulver, falls verwendet, jetzt dazugeben und das Salz hinzufügen. Alles etwa 20 Minuten zugedeckt köcheln lassen, bis die Kartoffeln weich sind. Als Hauptmahlzeit mit Salat, Labneh (siehe Seite 31) und gekochtem Reis mit Eiernudeln (siehe Seite 36) servieren.

Bazella ma'a rooz
Lammfleisch-Erbsen-Schmortopf
Für 4–6 Personen

40 g Butter
3 Zwiebeln, gehackt
5 Knoblauchzehen, gehackt
500 g Lammfleisch, gewürfelt
500 g enthülste Erbsen (siehe Einkaufstipp)
1 Karotte, fein gehackt
4 reife Eiertomaten, blanchiert, enthäutet und grob gehackt
1 TL Salz
1 Zimtstange
1 Lorbeerblatt

Die Butter in einem Topf bei mittlerer Temperatur zerlassen und die Zwiebeln und den Knoblauch darin anschwitzen, bis sie weich sind. Das Fleisch dazugeben und unter Rühren anbraten.

Wenn das Fleisch gebräunt ist, die Erbsen und die Karotte hinzufügen. Sobald die Erbsen anfangen, weich zu werden, die Tomaten dazugeben und unterrühren. Einen Liter Wasser, das Salz, die Zimtstange und das Lorbeerblatt dazugeben, bei starker Hitze aufkochen lassen und dann auf niedrige Temperatur stellen. Bei halb geschlossenem Deckel 1 Stunde köcheln lassen; abschmecken. Am besten passt gekochter Reis mit Eiernudeln dazu (siehe Seite 36).

Einkaufstipp: Wenn Sie Erbsen in der Schote kaufen, benötigen Sie etwa 1,3 Kilogramm, nach dem Enthülsen ergibt dies etwa 500 Gramm Erbsen. Ersatzweise können Sie auch tiefgekühlte Erbsen verwenden.

♦ Alles aus dem Garten

Rooshta
Hausgemachte Nudelsuppe mit Bohnen
Für 6 Personen

Meine Mutter hat die Zubereitung dieses uralten Rezepts von ihrer Großmutter gelernt. Rooshta kann entweder mit Borlotti-Bohnen oder braunen Linsen zubereitet werden.

300 g getrocknete Borlotti-Bohnen oder braune Linsen
125 ml Pflanzenöl
3 Zwiebeln, gehackt
1 TL Salz
etwa 500 g Mehl, plus Mehl für die Arbeitsfläche

Wenn Borlotti-Bohnen verwendet werden, diese über Nacht in Wasser einweichen.

Die Bohnen abtropfen lassen, bei Verwendung von Linsen diese gründlich waschen und verlesen, um Verunreinigungen zu entfernen.

Das Öl in einem großen Topf bei hoher Temperatur erhitzen. Die Zwiebeln darin anbraten, bis sie braun geworden sind, gelegentlich umrühren. Drei Liter Wasser, die Bohnen oder Linsen und einen halben Teelöffel Salz hinzufügen, alles einmal aufkochen und dann und bei halb geschlossenem Deckel und reduzierter Temperatur etwa 1 Stunde köcheln lassen, bis die Bohnen bzw. Linsen weich sind.

In der Zwischenzeit für die Zubereitung des Pastateigs das Mehl das restliche Salz und 250 Milliliter warmes Wasser in eine große Schüssel geben und zu einem Teig verkneten; 5 Minuten ruhen lassen. Das zusätzliche Mehl bereitstellen. Etwas Mehl auf die Arbeitsfläche streuen und mit einem Nudelholz den Teig fünf Millimeter dick ausrollen. Den gesamten Teig mit etwas Mehl bestauben. Den Teig zu einer Rolle aufrollen, als wäre er ein Wrap. Die Teigrolle in fünf Millimeter dicke Scheiben schneiden, die nach dem Ausrollen breiten Fettuccine ähneln.

Sobald die Bohnen bzw. Linsen weich sind, den Herd auf hohe Temperatur schalten, sodass das Gericht kräftig kocht. Die Nudelstreifen in den Topf gleiten und 10 Minuten kochen lassen, dabei gelegentlich umrühren, bis sie gar sind. Den Topf von der Kochstelle nehmen und die Suppe abschmecken.

Mahloota
Bunte Bohnensuppe
Für 8 Personen

- 100 g getrocknete Borlotti-Bohnen
- 100 g getrocknete Kichererbsen
- 100 g braune Linsen
- 100 g Gerste
- 2 EL Olivenöl
- 3 Zwiebeln, gehackt
- 1 kg Mangold, nur die Blätter, in Streifen geschnitten (siehe Einkaufstipp)
- Salz

Die Bohnen, die Kichererbsen, die Linsen und die Gerste in ein großes Sieb geben und unter fließendem Wasser gründlich waschen. In eine Schüssel füllen, mit Wasser bedecken und über Nacht einweichen. In ein Sieb abgießen.

Die Bohnen, die Kichererbsen, die Linsen und die Gerste in einen Topf geben. Vier Liter Wasser angießen und zugedeckt bei mittlerer Temperatur zum Kochen bringen. Sobald das Wasser kocht, auf niedrige Temperatur stellen.

Das Öl in einer Pfanne erhitzen und die Zwiebeln darin bei niedriger bis mittlerer Temperatur goldbraun braten. Die Zwiebeln zu den Bohnen in den Topf geben. Die Suppe 1¼–2 Stunden köcheln lassen. Gelegentlich den Wasserstand überprüfen. Sollten die Bohnen beinahe sämtliches Wasser aufgesogen haben, weitere 500 Milliliter kochendes Wasser unterrühren.

Sobald die Hülsenfrüchte und das Getreide gar sind, die Mangoldstreifen in die Suppe geben, diese mit Salz abschmecken und weitere 10 Minuten garen.

Einkaufstipp: Wenn kein Mangold erhältlich ist, können Sie stattdessen auch 1 Kilogramm Spinat verwenden.

Aads bi hamod
Linsensuppe mit Mangold
Für 8 Personen

Mutter liebt Knoblauch und Zwiebeln, weil »sie das Aroma unterstreichen«. Fangen Sie, wie angegeben, mit sechs oder acht Knoblauchzehen an und steigern Sie die Menge allmählich (Mutter verwendet eine ganze Knolle).

550 g braune Linsen
2–3 Zwiebeln, fein gehackt
1 große Kartoffel, geschält und in 2 cm große Würfel geschnitten
6–8 Knoblauchzehen oder nach Geschmack
1 TL Salz oder nach Geschmack
4 EL Olivenöl
500 g Mangold
Zitronenspalten, Parmesan und Tabascosauce zum Servieren, nach Belieben

Die Linsen gründlich waschen und nach Steinchen durchsehen.

Die Linsen, die Zwiebeln und die gewürfelte Kartoffel in einen großen Topf geben und 3,5 Liter Wasser angießen. Bei hoher Temperatur zum Kochen bringen.

Den Knoblauch mit einer Prise Salz im Mörser zerstoßen. Den Knoblauch mit dem Öl mischen, dann in das kochende Wasser im Topf rühren. Den Herd auf niedrige Temperatur stellen, den Deckel auflegen und die Suppe 30 Minuten köcheln lassen, gelegentlich umrühren. Durch das Rühren verteilt sich das Öl gleichmäßig und schwimmt nicht an der Oberfläche.

Den Mangold waschen, die dicken weißen Stiele abschneiden und anderweitig verwenden. Die Blätter zu einem Bund zusammenfassen und in etwa zwei Zentimeter breite Streifen schneiden.

Sobald die Linsen weich sind, den Mangold in die kochende Suppe rühren. Den Deckel auflegen und die Suppe weitere 20 Minuten köcheln lassen. Dann den Herd ausschalten. Die Suppe mit dem restlichen Salz würzen und vor dem Servieren etwa 10 Minuten ruhen lassen.

Diese Suppe kann heiß oder kalt gegessen werden. Wer möchte, kann sich über seine Portion etwas Zitronensaft träufeln. Auch Parmesanspäne oder Tabascosauce verleihen ihr eine besondere Note.

Tipp: Am folgenden Tag schmeckt die Suppe noch besser, da der Mangold dann besser zur Geltung kommt.

Joumanas shawarba
Joumanas Gemüsesuppe
Für 6–8 Personen

Brühe
2 Stangen Staudensellerie, gehackt
2 Karotten, geschält und gehackt
2 Zucchini, gehackt
1 Kolben Zuckermais, halbiert
1 Zwiebel, gehackt
3 Knoblauchzehen, gehackt
½ rote Paprikaschote, gehackt
2 reife Eiertomaten, gewürfelt
1 Zimtstange

Suppe
200 g *soup mix* (Getreidemischung unter anderem aus Graupen, Spalterbsen und roten Linsen; im Internet erhältlich)
2 Karotten, gehackt
1 Kolben Zuckermais, die Körner abgeschnitten
1 Zwiebel, gehackt
3 Knoblauchzehen, gehackt
2 Zucchini, gehackt
1 Brokkoli, in Röschen geteilt
5 reife Eiertomaten, im Mixer püriert
Salz und fein gemahlener schwarzer Pfeffer
1 Handvoll glatte Petersilie

Den *soup mix* über Nacht in Wasser einweichen. Dann in ein Sieb abgießen, abspülen und abtropfen lassen.

Für die Brühe alle Zutaten mit drei Liter Wasser in einen Topf geben und 1 Stunde köcheln lassen. Die fertige Brühe durch ein Sieb in einen sauberen Topf gießen und die Rückstände im Sieb wegwerfen.

Die abgetropfte Getreidemischung in die Brühe geben, zum Kochen bringen und 30 Minuten bei niedriger Temperatur und aufgelegtem Deckel kochen lassen. Die Karotten, den Mais, die Zwiebel sowie den Knoblauch unterrühren und 20 Minuten zugedeckt köcheln lassen, dann die Zucchini, den Brokkoli und die Tomaten hinzufügen. Die Suppe erneut aufkochen und 10 Minuten köcheln lassen. Mit Salz und Pfeffer würzen, die Petersilie unterrühren und servieren.

◆ Alles aus dem Garten

Einlegen und Einkochen

Citi Leila mag sehr wohl das dörfliche Leben im Libanon hinter sich gelassen haben, sie kann es aber nicht lassen, einige ihrer Lieblingsgemüse einzumachen. In einem eigens dafür vorgesehenen Küchenschrank stehen reihenweise Einmachgläser mit eingelegten Oliven, gefüllten Auberginen, grünen Bohnen, Rüben und Gurken, um nur einige zu nennen. In ihrem Kühlschrank findet man eine Ansammlung von Konfitüren, darunter Aprikose, Feige und Apfel sowie diese oder jene Überraschung, basierend auf einer neuen Obstart, mit der sie experimentiert.

Ich höre sehr gerne zu, wenn sich Citi und ihre Töchter an ihre Kindheit im Dorf erinnern. Für mich als Kind klangen diese Geschichten wie Märchen.

»Am Ende eines jeden Sommers hatte die Dorfgemeinschaft alle Hände voll zu tun. Wir bereiteten Unmengen frischer Feldfrüchte für die Lagerung im Winter vor, damit wir diesen überstehen konnten«, erläutert Citi.

Fast jedes Gemüse musste nach der Ernte auf eigens dafür vorgesehene, feste Baumwolltücher gelegt und ein paar Tage in der Sonne getrocknet werden. Nach dem Trocknen wurden die Lebensmittel als Vorrat für den Winter verpackt und gelagert.

In der Sonne getrockneten Mais verarbeitete man entweder zu Stärkemehl oder man kochte im Winter aus den trockenen Körnern eine Suppe. Es war Citis Aufgabe, die Zucchini zu ernten, zu waschen und in Salz einzulegen. Danach wurden sie der Sonne ausgesetzt, damit diese ihnen die Feuchtigkeit entziehen konnte. Die getrockneten Zucchini steckte sie schließlich eng aneinander in Einmachgläser, in denen sich eine Lake aus Wasser und Salz befand. In die gleiche Lake wurden auch Weinblätter eingelegt.

Lange Ketten aus grünen Romano- und Borlotti-Bohnen wurden einzeln mit einer Nadel auf einen doppelten Baumwollfaden aufgezogen und zum Trocknen aufgehängt. Die sonnengetrockneten Tomaten wurden sorgfältig zu langen Ketten aufgereiht, die dann in der

Küche neben den Bohnen hingen. »So etwas wie einen Kühlschrank gab es nicht«, erklärt Citi. »Ich hatte damals Hunderte von übereinander gestapelten Einmachgläsern und riesige Behälter, die ich an einem kühlen, dunklen Ort in unserem nicht unbedingt sehr großen Haus aufbewahrte«, fährt sie fort.

Bevor Gidi nach Australien ging, verkaufte er das Vieh der Familie, bis auf eine einzige Ziege. »Unser überbeanspruchtes Haustier«, wie Citi es oft bezeichnet. »Vor dem Winter habe ich sie sehr oft gemolken, damit ich ausreichend Labneh-Kugeln und Sauermilchkäse vorrätig hatte und wir den Winter überstehen konnten.«

Ihre Konfitüren dienten in der kalten Jahreszeit auch als Nachtisch. Fast jedes Obst wurde in eine süße Köstlichkeit verwandelt. »Birnen und Äpfel in Zuckersirup waren das Lieblingsdessert der Kinder«, meint Citi. Das Obst wurde den Winter über in dem Sirup in Einmachgläsern gelagert, damit die Kinder ihre Leckerei hatten. Dies galt als ein besonderes Dessert, das nur während der extremsten Frostperioden serviert wurde, wenn die Kinder des Schnees wegen tagelang im Haus festsaßen.

Beim Geschmack von eingelegten grünen Oliven denke ich immer in die Zeit zurück, als ich ein junges Mädchen war und man mir die Aufgabe übertrug, Citi beim Einlegen der Oliven zu helfen. Als älteste Enkelin wurde ich so oft wie möglich in die Vorbereitungen meiner Familie mit einbezogen.

Citi und ich saßen nebeneinander an ihrem Arbeitstisch, den sie aus Holzresten gezimmert hatte. Um uns herum standen Kisten, Kisten und noch einmal Kisten mit grünen Oliven. Jede Einzelne davon musste auf den Tisch gelegt und dann vorsichtig mit dem Boden einer gläsernen Tasse zerquetscht werden, bis sich ein Spalt öffnete. Danach wurde sie in eine Wanne voller Wasser geworfen. Die Oliven blieben über Nacht in kaltem Wasser liegen, und unsere Hände waren, nachdem wir uns durch Aberhunderte von Oliven gearbeitet hatten, blutrot verfärbt. Am folgenden Tag teilten die Familien die Oliven untereinander auf und legten sie in Gläsern ein.

Khiyaar makboos
Eingelegte Gurken
Füllt ein zwei Liter fassendes Einmachglas

90 g feines Meersalz
1,5 kg kurze, dünne, libanesische Gurken (Einlegegurken)
1 kleine rote Chilischote
2 Knoblauchzehen, geschält und halbiert
250 ml weißer Essig

Für die Lake zwei Liter Wasser und das Salz in einem Kochtopf 30 Minuten kochen lassen. Über Nacht abkühlen lassen.

Die Gurken waschen und in ein zwei Liter fassendes sterilisiertes Glas geben. Die Chilischote und den Knoblauch hinzufügen und mit dem Essig übergießen, dann mit der Lake auffüllen. Den Deckel auf das Glas legen und über Nacht stehen lassen, am folgenden Tag den Deckel fest schließen. 2 Wochen durchziehen lassen.

Tipp: Mit Lake bedeckt halten sich die Gurken an einem kühlen, dunklen Ort ein Jahr.

Arnabiit makboos
Eingelegter Blumenkohl
Füllt ein zwei Liter fassendes Einmachglas

110 g feines Meersalz
1 Blumenkohl, in Röschen zerteilt
1 Rote Bete, geschält und gewürfelt
2 Knoblauchzehen, geschält
2 lange rote oder grüne Chilischoten, mit einer Nadel mehrmals eingestochen
500 ml weißer Essig

Für die Lake 1,5 Liter Wasser und das Salz in einem Topf 30 Minuten kochen lassen. Über Nacht abkühlen lassen.

Den Blumenkohl in einem großen Topf mit Wasser bedecken und aufkochen lassen; in ein Sieb abgießen und abkühlen lassen.

Ein zwei Liter fassendes sterilisiertes Glas (oder zwei kleinere) mit dem Blumenkohl, der Roten Bete, den Chilischoten und dem Knoblauch füllen. Mit Essig übergießen und so viel Lake hinzufügen, dass das Gemüse vollständig bedeckt ist. Den Deckel lose auf das Glas legen und über Nacht stehen lassen, am folgenden Tag fest schließen. Vor dem Verzehr 2 Wochen durchziehen lassen.

Tipp: Mit Lake bedeckt hält sich das Gemüse an einem kühlen, dunklen Ort ein Jahr.

Baandhinjaan makboos
Eingelegte Auberginen

Füllt ein zwei Liter fassendes Einmachglas

Eingelegte Auberginen schmecken sehr gut zu Fleisch. Ich wickele sie auch gerne in Salatblätter wie Rucola, Spinat oder Kopfsalat. Schon ein kleines Stück ist voller Aroma. Man kann sie auch sehr gut klein geschnitten zu Käse und Kräckern servieren.

1,5 kg kleine runde dunkle Auberginen
1 EL feines Meersalz, plus Meersalz zum Bestreuen
8 Knoblauchzehen
2 lange rote Chilischoten
150 g Walnusskerne
Olivenöl zum Einlegen der Auberginen

Die Auberginen waschen und die Stängel entfernen.

Zwei Liter Wasser und den Esslöffel Salz in einem großen Topf zum Kochen bringen. Die Auberginen darin portionsweise jeweils 2 Minuten kochen, aus dem Wasser nehmen und in ein Sieb geben, das in einer Schüssel hängt.

Die Auberginen in dem Sieb zusammendrücken, um die Flüssigkeit herauszupressen. Citi legt dazu einen flachen Teller auf die Auberginen, bedeckt diesen mit einem Geschirrtuch und legt zwei Backsteine darauf. Mutter beschwert die Auberginen mit vollen Flaschen. Die mit den Gewichten beschwerten Auberginen zum Abtropfen über Nacht in den Kühlschrank stellen.

Für die Füllung den Knoblauch und die Chilischoten in einem Mixer durch dreimaliges Drücken auf die Impulstaste zerkleinern. Die Walnüsse dazugeben und zweimal auf die Impulstaste drücken. In eine Schüssel geben.

Die Auberginen der Länge nach mit einem Schlitz versehen, der gerade eben groß und tief genug zum Füllen ist. Die Füllung fest hineingeben (wegen des Chilis bietet es sich an, Einmalhandschuhe zu tragen). Die Auberginen nebeneinander in ein zwei Liter fassendes sterilisiertes Einmachglas schichten. Über jede zweite Lage eine Prise Meersalz streuen. Die Auberginen sollten eng aneinanderliegen und fest in das Glas gedrückt werden. Das Glas leicht schräg umgedreht auf ein Tablett stellen und die überschüssige Flüssigkeit über Nacht herauslaufen lassen. Das Glas wieder aufrecht stellen und den Inhalt vollständig mit Olivenöl bedecken. Den Deckel lose auf das Glas legen und dieses über Nacht stehen lassen, am folgenden Tag fest schließen. Die Auberginen vor dem Verzehr 2 Wochen durchziehen lassen.

Tipp: Mit Olivenöl bedeckt halten sich die Auberginen an einem kühlen, dunklen Ort ein Jahr.

♦ Alles aus dem Garten

Loubyeah makbooseh
Eingelegte grüne Bohnen
Füllt ein Einmachglas mit einem Liter Fassungsvermögen

3 Knoblauchzehen
2 EL feines Meersalz, plus Meersalz zum Bestreuen
750 g grüne Bohnen, geputzt
375 ml natives Olivenöl extra

Den Knoblauch mit etwas Salz bestreuen und im Mörser zerstoßen.

Zwei Liter Wasser mit dem restlichen Salz in einem Topf zum Kochen bringen. Die Bohnen hineingeben und 3 Minuten im kochenden Wasser blanchieren; in ein Sieb abgießen und kalt abschrecken. Beiseitestellen und abkühlen lassen. Die Bohnen in eine Schüssel geben und den Knoblauch untermischen.

Die Bohnen in ein sterilisiertes Einmachglas mit einem Liter Fassungsvermögen füllen und mit dem Olivenöl vollständig bedecken. Den Deckel lose auf das Glas legen und die Bohnen über Nacht stehen lassen, am folgenden Tag das Glas fest schließen. Die Bohnen 3 Wochen im geschlossenen Glas durchziehen lassen.

Tipp: Vollständig mit Öl bedeckte Bohnen halten sich an einem kühlen, dunklen Ort ein Jahr lang.

Zaytoon makboos
Eingelegte grüne Oliven
Füllt ein Einmachglas mit einem Liter Fassungsvermögen

In meiner Familie legen immer mindestens zwei Personen zusammen die Oliven ein. Es gibt viele Kisten voll zu verarbeiten, und jede helfende Hand ist willkommen.

500 g rohe grüne Oliven
220 g feines Meersalz, plus 1 EL Meersalz
185 ml Olivenöl
6 kleine rote Chilischoten, die Stängel entfernt
3 frische Zitronenblätter, gewaschen und halbiert
2 Zitronen, geviertelt

Einen großen Eimer mit Wasser füllen. Mit einem Stößel vorsichtig Druck auf jede Olive ausüben, damit deren Schale aufplatzt, danach die Olive in das Wasser werfen. Die Oliven über Nacht in dem kalten Wasser einweichen.

Für die Lake zwei Liter Wasser mit dem Salz in einem Topf 30 Minuten kochen; beiseitestellen und über Nacht abkühlen lassen.

Die Oliven abgießen und dann mit dem Öl, dem zusätzlichen Esslöffel Salz, den Chilischoten, den Zitronenblättern und den geviertelten Zitronen in eine große Schüssel geben und vermengen. Immer eine Handvoll Oliven fest in das sterilisierte Einmachglas drücken, bis sich alle Oliven in Glas befinden. Die Früchte sollten sehr dicht aneinanderliegen. Die restliche Ölmischung aus der Schüssel in das Glas gießen und anschließend die Oliven mit Lake bedecken. Den Deckel lose auf das Glas legen und über Nacht stehen lassen, am folgenden Tag das Glas fest schließen. Die Oliven vor dem Verzehr 2 Wochen in dem fest verschlossenen Glas durchziehen lassen.

Tipp: Solange die Oliven vollständig mit Öl bedeckt sind, halten sie sich kühl und dunkel aufbewahrt ein Jahr lang.

Lift makboos
Eingelegte weiße Rüben

Füllt ein Einmachglas mit einem Liter Fassungsvermögen

2 EL feines Meersalz
2 weiße Rüben, gründlich gewaschen und in dicke Scheiben geschnitten
¼ Rote Bete, geschält und gewürfelt
2 Knoblauchzehen, halbiert
250 ml weißer Essig

Für die Lake einen Liter Wasser mit einem Esslöffel Salz in einem Topf 30 Minuten aufkochen lassen. Über Nacht beiseitestellen. Die Rüben mit dem restlichen Salz und kaltem Wasser bedeckt über Nacht stehen lassen.

Das Wasser abgießen. Die Rüben, die Rote Bete und den Knoblauch in einer Schüssel vermengen.

Die Gemüsemischung in ein sterilisiertes Einmachglas mit einem Liter Fassungsvermögen geben. Den Essig und so viel Lake dazugießen, dass es vollständig bedeckt ist. Den Deckel lose auf das Glas legen und dieses über Nacht stehen lassen, am folgenden Tag das Glas fest schließen. Die Rüben vor dem Verzehr 2 Wochen in dem verschlossenen Glas durchziehen lassen.

Tipp: Die mit Lake bedeckten Rüben halten sich an einem kühlen, dunklen Ort ein Jahr. Die Rote Bete soll die Rüben färben, sie ist nicht für den Verzehr gedacht.

Meine Mutter hat eine altmodische Methode, die Lake zu testen:

»*Wenn du wissen willst, ob du genug Salz verwendet hast, musst du experimentieren und ein Ei in die Lake legen. Steigt es an die Oberfläche, ist genug Salz in dem Wasser und deine Lake genau richtig für das Einlegen.*«

Labneh makbooseh
Marinierte Labneh-Kugeln
Ergibt 18 Kugeln

Wenn Sie keinen Chili mögen, können Sie eingelegte Labneh-Kugeln auch ohne diesen zubereiten.

2 EL feines Meersalz
2 l Laben, der zwei Tage im Kühlschrank gestanden hat (siehe Seite 30)
¼ TL Chilipulver
3 EL Paprikapulver
500 ml natives Olivenöl extra

Das Salz mit dem Laben vermengen. Den Laben in einen Baumwollsack (einem Kopfkissenbezug ähnlich) oder ein Seihtuch (Musselin) gießen und die Flüssigkeit abtropfen lassen. Dafür das Tuch in ein Sieb geben, das in einer Schüssel hängt. Oder das Tuch, wenn die Witterung es zulässt, im Schatten im Freien aufhängen. Den Laben 3 Tage abtropfen lassen. Jeden Tag die aufgefangene Flüssigkeit weggießen.

Am dritten Tag sollte der Labneh fest genug sein, dass er zu Kugeln gerollt werden kann. Den Labneh aus dem Tuch in eine Schüssel geben und mit dem Chilipulver und einem Teelöffel Paprikapulver vermengen.

Die Zubereitung der Labneh-Kugeln sollte nicht bei direkter Sonneneinstrahlung erfolgen. Etwa einen Esslöffel Labneh abnehmen und zwischen den Handflächen zu einer Kugel rollen. Wenn er zu klebrig ist, die Handflächen mit Olivenöl einreiben. Die Arbeitsfläche mit dem restlichen Paprikapulver bestreuen. Jede Kugel darin wälzen, bis sie rundherum überzogen ist.

Etwas von dem Olivenöl in ein zwei Liter fassendes, sterilisiertes Einmachglas gießen und die mit Paprikapulver umhüllten Labneh-Kugeln hineinlegen. Mit dem restlichen Öl bedecken. Das Glas mit dem Deckel verschließen. Die Kugeln vor dem Verzehr 1 Woche im Kühlschrank durchziehen lassen.

Tipp: Mit Olivenöl bedeckt halten sich die Kugeln im Kühlschrank ein Jahr.

♦ Alles aus dem Garten

Für die Gäste nur das Beste

»Gäste sind bei uns immer willkommen, und es ist uns sehr wichtig, dass wir sie mit Wärme und von ganzem Herzen begrüßen. Sie betreten dein Haus und es ist deine Aufgabe als Gastgeber, dies zu einem angenehmen Erlebnis für sie zu machen.«
Meine Mutter Joumana

Sobald die Gäste unser Haus betreten, werden sie mit den Worten *Ahlan wa sahlan* begrüßt. Auf einen festen Händedruck folgen drei Küsse auf beide Wangen. Jetzt befinden sie sich in der Obhut der Gastgeber. Wie bei vielen anderen libanesischen Familien auch ist das einladende Haus meiner Mutter so gestaltet, dass in den Räumlichkeiten Platz für die ganze Familie und Freunde ist. Gastfreundlichkeit ist von zentraler Bedeutung in unserem Kulturkreis – für unsere Gäste benutzen wir immer das beste Geschirr und die besten Bestecke.

Wenn wir Besuch bekamen, wurden die Gäste direkt in das Wohnzimmer gebeten. Diesen Raum zu betreten, war uns Kindern strikt untersagt, selbst wenn die Sofas aus dem Fernsehzimmer (unser Aufenthaltsraum) herausgetragen wurden und wir wochenlang auf Getränkekisten sitzen mussten. Mutter liebte ihre wassermelonenfarbigen Samtsofas sehr, die in einladender U-Form in unserem Wohnzimmer standen. Sie hatte die Sofas selbst entworfen und sogar die Beine der drei Beistelltische so arbeiten lassen, dass sie zu den kunstvoll geschwungenen Beinen ihrer geliebten Sofas passten.

Wir hatten einen großen Hof, der zu gleichen Teilen aus Beton und Grünfläche bestand – beides war gleich wichtig. Im nicht betonierten Bereich befanden sich die kostbaren Gemüsebeete, und der betonierte Teil war zum Spielen für uns Kinder vorgesehen.

Dort war immer was los. Bei Sonnenschein brutzelte ständig etwas auf dem Grill, ansonsten tafelten wir im Haus. Besucher kamen niemals angemeldet, wurden aber stets erwartet und willkommen geheißen. In meiner Kindheit besuchte man am Wochenende entweder seine Verwandten oder erholte sich daheim im Kreis der Familie. Mit einer Unmenge von Cousinen und Cousins gleichen Alters aufzuwachsen, bedeutete auch, dass immer genug Kinder da waren, die bei einem Spiel gegeneinander antreten konnten.

Das Wochenende nutzten die Familien auch, um sich in der behaglichen Atmosphäre im Haus der jeweils anderen gegenseitig auf den neuesten Stand zu bringen. Während dieser Besuche unterhielt man sich, kochte und aß gemeinsam – oft bis in die späten Abendstunden hinein.

Die Klingel an unserer Tür hätte einem Kasernenhof alle Ehre gemacht. Immer wenn sie schrillte, zuckte ich zusammen. Ich habe mich nie an sie gewöhnt. Meine Mutter brachte ihr Ton aber immer dazu, vor Freude über das ganze Gesicht zu strahlen. Sie ist stets eine hervorragende Gastgeberin gewesen. »Ich führe sehr gerne ein offenes Haus für Familie und Freunde.« Sogar meine Schulfreunde suchten bei ihr Zuflucht. Wenn sie daran zurückdenkt, muss Mutter lachen, denn wir wurden als »das Haus auf halbem Weg« bezeichnet. Sie hörte sich jedes Mal an, was die Kinder zu erzählen hatten und wenn sie ihnen etwas zu essen gab, strahlten diese über das ganze Gesicht. Mutter ist nämlich in der Lage, ihr liebendes und fürsorgliches Wesen in Aromen umzuwandeln.

Ihr Wahlspruch lautet »Morgenstund hat Gold im Mund«, deshalb erledigte Mutter den Einkauf von frischen Lebensmitteln am frühen Samstagmorgen. Bis zum heutigen Tag hält sie nichts vom Ausschlafen am Wochenende. »Warum sollte ich meine Zeit vergeuden und am Wochenende in allen möglichen Verkehrsstaus stehen, wenn ich stattdessen bei meiner Familie sein kann?«, argumentiert sie.

Schon immer begrüßte sie gerne in aller Frühe als Erste den Metzger, wenn dieser gerade seine Türen aufschloss. Sie fühlte sich wie befreit, wenn sie im Markt durch die Gänge voller Früchte und Gemüse und von Stand zu Stand wechselte. Der Kofferraum und die Rückbank ihres Autos standen immer voller Kisten, und natürlich war auch jedes Mal mindestens eines ihrer fünf Kinder mit von der Partie, um ihr zu helfen. Normalerweise schob einer von uns den Einkaufswagen, während sie uns von einem Stand zum nächsten lotste. Manchmal war der Einkaufswagen aber so schwer, dass wir nicht mit ihr Schritt halten konnten. Dann sprang sie in die Höhe und gestikulierte wild, um uns zu zeigen, dass sie den Einkaufswagen brauchte.

In unserer Kultur gilt es als unhöflich, nichts anzubieten, wenn Gäste zu Besuch kommen. »Das Essen ist ein Mittel, untereinander zu kommunizieren, durch unsere Gastfreundschaft nehmen wir Kontakt zu unseren Mitmenschen auf«, erklärt Mutter. Sobald die Gäste Platz genommen haben, geht es mit *wejbet*, unserer Gastfreundlichkeit, richtig los. Mutter wollte immer, dass wir diese Art des *wejbet* beherrschen. Es bedeutete ihr viel, dass ihre Kinder die Tradition weiterführen, die sie von ihrer Mutter und ihrem Vater übernommen hatte. Sie half uns dabei, sie zu perfektionieren, und griff nur ein, wenn etwas nicht stimmte. Sobald ein Gast Platz genommen hat, wissen wir, was und wie es serviert wird. Zu Beginn kommt *ahweh* (libanesischer Kaffee) auf den Tisch. Von Besuchern, die um die Mittags- oder Abendzeit eintreffen, wird erwartet, dass sie mindestens zu einem Dreigängemenü bleiben.

Bei kürzeren Besuchen servieren wir normalerweise *ahweh* und dazu Obst oder Süßigkeiten. Alle Gäste sollten unser Haus zufrieden und mit einem Bauch voller Liebe verlassen. Das war immer Mutters Anliegen und ich muss ihr da ein riesiges Kompliment machen: Normalerweise gelingt ihr das auch.

Die Mezze

Ist der Kaffee getrunken, kommt die Zeit für die Mezze. Als wir noch klein waren, war dies der Zeitpunkt, an dem Mutter uns signalisierte, dass die Vorbereitungen in die nächste Phase übergehen. Die Mezze wurden vor dem Hauptgang im Wohnzimmer serviert. Ein regelrechtes Mosaik aus kleinen Schüsseln und Tellern, voll mit Nüssen, klein geschnittenem Gemüse, Eingelegtem und Dips wurde aufgetragen und alle konnten zugreifen.

Ich erinnere mich noch gut daran, dass wir eine ansehnliche Menge von Pistazien, Walnüssen, geschälten Kürbiskernen, Mandeln und Cashews vorrätig hatten, die in langen grünen Plastikbehältern aufbewahrt wurden. Wenn Mutter gut vorbereitet war, hatte sie in Wasser gelegte Karotten, Selleriestangen und Mandeln im Kühlschrank. Die kühlen, feuchten Knabbereien waren genau richtig für den Sommer. Manchmal bekamen wir eingelegte Rüben und Gurken anstatt des frischen Gemüses, die wir in Labneh, Hummus und Baba ganoush tunkten. Mutige tranken ein Schlückchen Arak, der in kleinen mit Eis und Wasser gefüllten Gläsern serviert wurde. Stets wurden aber auch Säfte und alkoholfreie Getränke gereicht.

Das Festmahl

Id fadaloo, mit diesen Worten werden die Gäste am Tisch zum Festmahl begrüßt – eine Schlemmerei, die von den Frauen zubereitet wurde. Wenn es an der Zeit zum Kochen ist, übt die Küche eine magische Anziehungskraft auf die Frauen aus. Obwohl diese das Herrschaftsgebiet meiner Mutter ist, beteiligen sich auch Cousinen und Freundinnen gerne an der Zubereitung. Es ist schon etwas Besonderes an der Art und Weise, wie die Frauen zusammenarbeiten, wie sie den Platz der jeweils anderen respektieren und über das Kochen miteinander kommunizieren.

Wieder bei Tisch hebt man die Arak-Gläser und die Gastgeberin sagt *sahtayn!*, was »auf die Gesundheit« bedeutet. Gleich danach greifen Hände hektisch nach den Schüsseln, es ist ein riesiges Tohuwabohu. Eine wohlbekannte Szene spielt sich dann etwa so ab: Eine Portion rohes Kibbeh wird mit einer Gabel auf einem Teller flach gedrückt und dann mit Olivenöl beträufelt. Mundgerechte Stücke libanesischen Brots werden abgerissen, zwischen den Fingerspitzen gehalten und dienen dazu, die Speisen vom Teller zu nehmen. Große Tabletts voller Huhn mit Reis, Taboulé und Chili-Fisch-Salsa werden weitergereicht. Berge von frischem Salat, Schalotten, Gurken, Tomaten, Endivie, Minze und Rucola, von denen sich die Gäste ganz nach Belieben bedienen können, thronen mitten auf dem Tisch. Sobald es den Anschein hat, ein Teller leere sich, fängt Mutter an, diesen wieder aufzufüllen und sagt: »Ich geb dir noch etwas, du hast ja kaum etwas gegessen.«

Fremde, die diese Art Mahl noch nicht kennen, machen eine harte Schule durch. Einem ungeschriebenen Gesetz zufolge soll man sich nämlich niemals selbst bedienen und nie als Erster fertig sein, denn sonst bekommt man so lange etwas auf den Teller gelegt, bis nichts mehr übrig ist.

Nachtisch
Abschluss des *wejbet* ist das Dessert – Tee und Kaffee, die normalerweise im Wohnzimmer getrunken werden. In meiner Kindheit wollte Mutter die Herzen ihrer Nichten und Neffen immer

damit gewinnen, dass sie stets einen besonders leckeren Nachtisch zubereitete. Wenn ihr die anderen Süßigkeiten, die sie hätte servieren können, ausgegangen waren, bereitete sie meist ein großes Blech *knefeh* frisch zu: kochender Grieß, mit Milch und Sahne zubereitet, der über eine dünne Schicht zerbröselter Cornflakes gegossen und anschließend mit Cornflakes bestreut wird. Danach wird alles ein paar Minuten überbacken. Während der *knefeh* im Ofen stand, bereitete Mutter normalerweise den *attar* (Zuckersirup) zu, den wir gerne über unsere Portion *knefeh* gegossen haben, solange er noch kochend heiß war. Zu Nachspeisen wie dieser wird stets auch ein Teller mit Früchten der Saison, *Café blanc* (Tee) oder eine weitere Kanne libanesischer Kaffee serviert. Für *Café blanc* gibt man entweder ein paar Tropfen Orangenblüten- oder Rosenwasser in heißes Wasser. Dieser Tee wird zur Verdauungsförderung gereicht.

Als ich vor ein paar Jahren in den Libanon reiste, wurde mir klar, wie überaus wichtig Kontakte und der Familienzusammenhalt im Alltagsleben der Menschen dort sind.

Ich verbrachte während der Sommerferien der Kinder einige Zeit dort. In diesen Tagen kamen die meisten Dorfbewohner, die im Winter ihre Häuser verließen und in Städte wie etwa Beirut gingen, nach Becharee zurück, um die entspannte Atmosphäre ihres Heimatdorfes zu genießen.

Die sehr großen Veranden ihrer Häuser geben den Blick auf die Straße frei, sodass die Besitzer ihre Nachbarn einladen können, wenn diese vorbeikommen. Den lieben langen Tag über wird libanesischer Kaffee gekocht und auch zwischen den Mahlzeiten nippt man an einem Tässchen. Auch Kinder beteiligen sich an den Gesprächen der Erwachsenen – jeder darf mitreden.

Kofta nayee
Rohe Kofta
Für 6–8 Personen

1 kg Lammschulter, gewürfelt (für rohe Kofta muss das Fleisch absolut frisch sein)
½ große Handvoll glatte Petersilie, gehackt
2 Zwiebeln, fein gehackt
1 TL fein gemahlener schwarzer Pfeffer
1 TL gemahlener Kreuzkümmel
1 lange rote oder grüne Chilischote (die Samen nach Belieben entfernt), gehackt oder ¼ TL Chilipulver
1½ TL Salz
Frühlingszwiebeln, in Scheiben geschnitten, Radieschen, Minzeblätter und in Scheiben geschnittene Chilischote zum Servieren

Alle Zutaten in eine Schüssel geben und mit den Händen vermengen. Jeweils zwei Handvoll von der Masse in einen Mixer geben und die Impulstaste dreimal kurz betätigen. Im Gegensatz zum weichen, cremigen Kibbeh ist die Beschaffenheit von Kofta grob. Die zerkleinerte Masse wieder in die Schüssel geben und vermengen.

Zum Servieren die Kofta auf einem Teller zu kleinen, runden Kugeln formen und mit der Frühlingszwiebel, den Radieschen, der Minze und dem Chili garnieren. Passt auch sehr gut zu bitteren Gemüsesorten wie Chicorée, Brunnenkresse und Rucola.

Rohes Kofta sollte nur ganz frisch am Tag der Zubereitung verzehrt werden. Danach kann man aus der restliche Masse Frikadellen, Würstchen, ein Schmorgericht oder hausgemachte Kofta-Pizza zubereiten.

Frikadellen: Mit angefeuchteten Händen die Kofta auf etwa sieben Zentimeter Durchmesser und einen Zentimeter Höhe flach drücken. Diese können in einer Pfanne in sehr wenig Öl gebraten, im Ofen gebacken oder auf dem Grill zubereitet werden.

Würstchen: Wie die Frikadellen zubereiten, aber anders formen: Die Hände mit Wasser anfeuchten und eine kleine Menge Kofta zu einer Wurst in der Länge einer Hand rollen. Vorsichtig flach drücken.

Kofta-Pizza: Den Backofengrill auf hohe Temperatur vorheizen. Rohe Kofta dünn auf libanesisches Brot streichen und so lange grillen, bis das Fleisch beginnt, braun zu werden. Die Pizza aus dem Ofen nehmen und mit Tomatenscheiben, Oliven und Zwiebeln belegen. Etwas Käse darüberstreuen. Die Pizza erneut unter dem Grill gratinieren, bis der Käse geschmolzen ist. Die Pizza kann auch im Ofen ohne Grill zubereitet werden. Mit dem Belag kann man nach eigenem Gusto experimentieren.

Tipp: Wenn Sie die Kofta garen, können Sie sie auch mit Rindfleisch zubereiten.

♦ Besuch ist immer willkommen

Kofta bi zoom
Kofta-Bällchen in Gemüsesauce
Für 6–8 Personen

Kofta-Bällchen
1 kg Lamm- oder Rinderschulter, gewürfelt
½ Bund glatte Petersilie, gehackt
2 Zwiebeln, gehackt
1 kleine Handvoll Minze, gehackt
1 lange rote oder grüne Chilischote
1 TL fein gemahlener schwarzer Pfeffer
1 TL gemahlener Zimt
1 TL gemahlener Kreuzkümmel
1 TL Salz

Sauce
3 EL Pflanzenöl
2 Zwiebeln, gehackt
2 Karotten, geschält und in Stücke geschnitten
8 Knoblauchzehen, fein gehackt
1 kg reife Eiertomaten, blanchiert, enthäutet und gewürfelt
1 EL Tomatenmark

Für die Zubereitung der Kofta-Bällchen alle Zutaten in einen Mixer geben und dort zerkleinern, bis alles gehackt und gut vermischt ist.

Aus der Masse Kugeln von etwa drei Zentimeter Durchmesser formen. Diese auf ein Backblech legen.

Zwei Esslöffel vom Öl in einer antihaftbeschichteten Pfanne bei mittlerer bis hoher Temperatur erhitzen und die Kofta-Bällchen darin portionsweise braten, bis sie rundherum braun sind. Beiseitestellen.

Die Zwiebeln in der Pfanne etwa 5 Minuten braten, bis sie weich sind, eventuell noch etwas Öl dazugeben. Die Karotten hinzufügen und 5 Minuten braten. Den Knoblauch dazugeben und 2 Minuten braten.

Die Kofta-Bällchen mit den Tomaten und dem Tomatenmark zurück in die Pfanne geben und gerade eben so viel Wasser angießen, dass alles davon bedeckt ist. Den Deckel auflegen und alles bei starker Hitze aufkochen lassen. Dann die Hitze reduzieren und das Gericht 25 Minuten köcheln lassen. Abschmecken und servieren.

◆ Besuch ist immer willkommen

Kofta bi sayneeyeh
Kofta-Gemüse-Auflauf
Für 6 Personen

Anstelle dieses Kofta-Rezepts eignet sich hier auch dasjenige für rohe Kofta (siehe Seite 116). Meine Tanten haben bezüglich der Kofta unterschiedliche Vorlieben: Tante Hind mag ihre lieber gebacken, während Tante Rosa es bevorzugt, sie in der Pfanne anzubraten und dann übereinanderzuschichten.

Kofta
500 g Lamm- oder Rinderschulter, gewürfelt
1 große Handvoll glatte Petersilie, gehackt
1 Zwiebel, gehackt
1 kleine Handvoll Minze, gehackt
½ lange, frische, rote oder grüne Chilischote
½ TL fein gemahlener schwarzer Pfeffer
½ TL gemahlener Zimt
½ TL gemahlener Kreuzkümmel
½ TL Salz

Pflanzenöl zum Braten
3 Kartoffeln, in Scheiben geschnitten
3 Zwiebeln, in Ringe geschnitten
1 TL Salz
1 TL gemahlener Kreuzkümmel
1 TL fein gemahlener schwarzer Pfeffer
1 rote Paprikaschote, von den Samen befreit und in breite Ringe geschnitten
6 Tomaten, in Scheiben geschnitten
1 EL Tomatenmark
35 g Butter, in feinen Flöckchen

Sämtliche Zutaten für die Kofta in einen Mixer geben und zerkleinern, bis alles gehackt und gut vermengt ist.

Den Ofen auf 190 °C vorheizen. Die Hände mit Wasser anfeuchten und die Masse zu etwa zwölf Kofta mit sieben Zentimeter Durchmesser formen.

In einer Pfanne etwas Öl auf mittlere Temperatur erhitzen. Die Kofta darin portionsweise auf beiden Seiten scharf anbraten, aber nicht durchgaren; aus der Pfanne nehmen und beiseitestellen. Etwaigen Bratensaft in der Pfanne lassen. Die Kartoffelscheiben und die Zwiebelringe separat in der Pfanne anbraten, falls nötig noch etwas Öl dazugießen. Aus der Pfanne nehmen und einzeln beiseitestellen.

Das Salz, den Kreuzkümmel und den Pfeffer in einer kleinen Schüssel vermengen. Dies ist die Würzmischung.

Das Fleisch und das Gemüse in eine ovale Backform mit sechs Zentimeter hohem Rand schichten und auf jede Lage etwas Würzmischung streuen: zunächst den Boden der Form mit der Hälfte der Kofta-Bratlinge auslegen, dann sämtliche Kartoffeln und danach die Paprika, die Zwiebeln und die Hälfte der Tomatenscheiben darauf verteilen. Die restlichen Kofta und die Tomatenscheiben darüberlegen.

Das Tomatenmark in 250 Milliliter Wasser auflösen und über den Auflauf gießen. Die restliche Gewürzmischung darüberstreuen und die Butterflocken darauf verteilen. 30 Minuten backen, dann mit Folie abdecken und erneut etwa 15 Minuten backen, bis das Gemüse weich ist. Optimal passt gekochter Reis mit Eiernudeln (siehe Seite 36) oder Pasta dazu.

Kibbeh nayee
Rohes Kibbeh
Für 6 Personen

Verwenden Sie für Kibbeh immer mageres, frisches Fleisch. Lassen Sie das Fleisch entweder von Ihrem Metzger durch den Wolf drehen oder tun Sie es selbst. Auf jeden Fall sollte das Fleisch unbedingt drei Mal durch den Wolf gedreht werden. Wenn Sie das Fleisch selbst zerkleinern, legen Sie es davor für 5 Minuten in den Gefrierschrank. Für dieses Gericht muss das Fleisch während der Zubereitung gekühlt sein.

100 g Bulgur
500 g Lammfleisch (von der Keule, ohne Fett und sehr frisch)
Minzeblätter und Radieschen zum Servieren
Natives Olivenöl extra

Marhan
3 Minzeblätter, grob gehackt
2 Basilikumblätter, grob gehackt
½ Zwiebel, grob gehackt
½ lange rote Chilischote, von den Samen befreit und gehackt, oder ¼ TL Chilipulver
½ TL fein gemahlener schwarzer Pfeffer
1¼ TL gemahlener Kreuzkümmel oder Kibbeh-Gewürzmischung (siehe Seite 22)
1½ TL Salz

Eiswürfel in eine Schüssel mit Wasser geben. Den Bulgur waschen, in das Eiswasser rühren und für 15 Minuten in den Gefrierschrank stellen. Das Fleisch dreimal durch den Wolf drehen und dann für 5 Minuten in den Gefrierschrank stellen.

Das Hackfleisch aus dem Gefrierschrank nehmen und mit einem Teelöffel eiskaltem Wasser im Mixer zerkleinern, bis es von fast seidiger Beschaffenheit ist. 200 Gramm davon abnehmen, den Rest bis zur Verarbeitung in den Gefrierschrank stellen.

Für die Zubereitung des *marhan* die 200 Gramm Fleisch mit den restlichen Zutaten im Mixer zu einer cremigen Masse verarbeiten.

Den Bulgur in ein Sieb abgießen, gründlich ausdrücken und zusammen mit dem Fleisch aus dem Gefrierschrank zu dem *marhan* geben. Die Hände in Eiswasser tauchen, dann die Masse gründlich durchkneten.

Kibbeh wird der Tradition entsprechend in einer ovalen Schale serviert. Am Rand und auf der Oberfläche der Masse formt man mit dem Messer ein Muster. Mit Minze und Radieschen garnieren. Wenn *marhan* auf einem Teller serviert wird, mit nativem Olivenöl extra beträufeln und mit libanesischem Brot servieren.

»Das Fleisch muss ganz frisch sein und darf weder Fett noch Adern aufweisen.« Tante Rosa

»Essen wir Kibbeh roh, nehmen wir nur Lamm. Wenn wir es kochen, verwenden wir entweder Lamm- oder Rindfleisch.« Meine Mutter Joumana

Kibbeh und Kofta

In Sydney, als ich noch die unteren Klassen der Grundschule besuchte, kam einmal in der Woche eine ägyptische Lehrerin zu uns, um Schüler aus dem Mittleren Osten in ihrer Sprache und Geschichte zu unterrichten.

In diesem Unterricht lernten wir auch traditionelle arabische Lieder. Diese wurden dann meist am internationalen Tag vorgetragen, der alljährlich an der St. Brigid's Primary School im Stadtteil Marrickville in Sydney stattfand. Damit wollte man den unterschiedlichen Kulturkreisen der Schüler und deren Familien, die aus den unterschiedlichsten Ländern kamen, Anerkennung zollen, und mit ihnen, ihren Familien, und somit auch der gesamten Gemeinde ein Fest feiern.

Am Tag der Aufführung tauschten wir unsere Schuluniformen gegen farbenfrohe Nationaltrachten ein, führten traditionelle Tänze auf und sangen in unterschiedlichen Sprachen. Stolze Eltern errichteten Stände und bereiteten die Nationalgerichte ihrer Heimatländer zu. Ich erinnere mich noch genau an die Vielfalt der Farben und Klänge und an den Duft der Köstlichkeiten aus aller Welt, der über den Schulhof zog.

In einem Jahr sangen alle Kinder aus dem Mittleren Osten das Kibbeh-Lied. Der Gesang wird begleitet von ein paar einfachen Handbewegungen, die die Zubereitungstechniken für dieses bedeutende libanesische Gericht verdeutlichen sollen. Der einfache Text lautet: *Kibbeh, kibbeh, kibbitnah, heeyah illi rabitnah*, was so viel heißt wie: Kibbeh ist unsere Speise, und es ist ein Teil unserer Identität.

Jedes Mal, wenn ich Kibbeh zubereite oder esse, geht mir dieses Lied im Kopf herum. Als ich damals mit

meinen Klassenkameraden sang und tanzte, dachte ich jedoch nicht an Kibbeh. Ja, ich verstand überhaupt nicht, worum es in diesem Lied eigentlich ging, und hätte, ohne mit der Wimper zu zucken, lieber von meiner Leibspeise gesungen, das waren seinerzeit marinierte und mit Knoblauchsauce übergossene Hähnchenflügel!

Die wichtigsten Zutaten für Kibbeh sind mageres Hackfleisch und Bulgur, die während der Zubereitung unbedingt gekühlt sein müssen. *Marhan*, wie meine Familie es nennt, ist eine Mischung aus Minzeblättern, Basilikum, Zwiebeln, frischem Chili und Gewürzen. Es verleiht dem Gericht sein typisches Aroma. Normalerweise werden riesige Mengen dieses Gerichts zubereitet, die dann Grundlage für viele unterschiedliche Rezepte sind, die roh verzehrt, gebraten, gebacken oder gegrillt werden können.

Durch die aufwendige Herstellung wird Kibbeh zur schönen Schwester des Kofta. Kofta schmeckt besser mit gröberem Hackfleisch, das einen höheren Fettgehalt aufweist – egal ob roh, gebraten oder als Bestandteil eines Schmorgerichts. Kofta ist nicht so raffiniert und vielfältig wie Kibbeh, das bis zur Perfektion veredelt werden kann. Meiner Meinung nach schmecken Kibbeh und Kofta gleich gut.

Kibbab
Kibbab-Ovale

Ergibt 25 Stück

250 g Bulgur
500 g mageres Rind- oder Lammfleisch

Marhan
3 Minzeblätter, grob gehackt
2 Basilikumblätter, grob gehackt
½ Zwiebel, grob gehackt
½ lange rote Chilischote, von den Samen befreit und gehackt, oder ¼ TL Chilipulver
½ TL fein gemahlener schwarzer Pfeffer
1¼ TL gemahlener Kreuzkümmel oder Kibbeh-Gewürzmischung (siehe Seite 22)
1½ TL Salz

Hashweh (Füllung)
1 EL Pflanzenöl, plus Pflanzenöl zum Bestreichen
2 Zwiebeln, fein gehackt
250 g gehackter Tafelspitz vom Rind oder Lamm
125 g Butter
¼ TL fein gemahlener schwarzer Pfeffer
¼ TL gemahlener Kreuzkümmel
⅛ TL Chilipulver
⅛ TL gemahlener Zimt
40 g Pinienkerne, geröstet

Den Ofen auf 200 °C vorheizen. Eine Schüssel mit Eiswürfeln und Wasser füllen. Den Bulgur waschen, in das Eiswasser geben und für 15 Minuten in den Gefrierschrank stellen. Das Fleisch dreimal durch den Wolf drehen (oder den Metzger bitten, dies zu tun) und für 5 Minuten in den Gefrierschrank stellen.

Das Hackfleisch mit einem Teelöffel Eiswasser im Mixer zerkleinern, bis es von feiner, fast seidiger Beschaffenheit ist. 200 Gramm davon abnehmen und den Rest erneut in den Gefrierschrank stellen. 200 Gramm Fleisch mit den *Marhan*-Zutaten im Mixer zu einer cremigen Masse verarbeiten; in eine Schüssel füllen. Den Bulgur in ein Sieb abgießen und gut ausdrücken. Mit dem Fleisch aus dem Gefrierschrank in die Schüssel geben. Die Hände in Eiswasser tauchen und die Masse gründlich durchkneten, erneut in den Gefrierschrank stellen.

Für die Zubereitung der Füllung das Öl in einem Topf bei niedriger Temperatur erhitzen und die Zwiebeln darin 10 Minuten anschwitzen; in eine Schüssel geben und beiseitestellen. Den Herd auf starke Hitze stellen und das Fleisch in dem Topf braten, bis die Flüssigkeit verdampft ist. Die Wärmezufuhr auf niedrige Stufe stellen. Die Butter, den Pfeffer sowie die Gewürze dazugeben und alles 5 Minuten unter Rühren garen, bis das Fleisch gut durch ist. Zu den Zwiebeln in die Schüssel geben.

Zwei Backbleche mit Öl einpinseln.

Die Kibbeh-Masse aus dem Gefrierschrank holen und mit angefeuchteten Händen eine kleine Handvoll davon abnehmen. Ein Oval formen, das auf der Handfläche Platz hat, und mit einem angefeuchteten Zeigefinger ein Loch hineindrücken. Den Finger in der Öffnung kreisen lassen, um das Loch zu vergrößern. Einen Esslöffel von der Hashweh-Füllung in das Loch geben. Mit angefeuchteten Händen das Fleisch über der Füllung zusammendrücken und zu einem gleichmäßigen Oval formen.

Die Kibbab-Ovale auf ein vorbereitetes Blech legen und mit Öl einpinseln. Diesen Vorgang mit dem Rest wiederholen. Die Kibbabs 15–20 Minuten backen, bis sie dunkelbraun und durchgegart sind.

♦ Besuch ist immer willkommen

Kibbab bi kishk
Kishk-Suppe mit Kibbab
Für 4–6 Personen

Citi hat den ganzen Winter über einen Topf auf dem Herd stehen, in dem Suppe köchelt. Wann immer ich davon koste, reise ich zurück in ihre alte Küche, wo ich an der Suppe nippte und mich an der Feuerstelle wärmte.

1 Rezeptmenge rohe Kibbab-Ovale (siehe Seite 124)
250 g gebrauchsfertiger Kishk (siehe »Gut zu wissen«)
3 Knoblauchzehen, zerquetscht
⅛ TL Salz

Den Kishk mit 3,5 Liter Wasser in einen Kochtopf geben und rühren, bis er sich aufgelöst hat. Bei starker Hitze unter gelegentlichem Rühren zum Kochen bringen. Den Knoblauch und das Salz in einem Mörser zerstoßen, zur kochenden Kishk-Suppe geben und umrühren. Die Wärmezufuhr verringern und die Suppe 10 Minuten köcheln lassen. Die Kibbab-Ovale hinzufügen und 10 Minuten kochen lassen.

Gut zu wissen: Bei Kishk handelt es sich um getrockneten, granulierten Joghurt (siehe Seite 190). Man bekommt ihn in libanesischen Lebensmittelgeschäften.

♦ Besuch ist immer willkommen

Oros kibbeh
Bulgurhütchen
Ergibt 9–10 Stück

150 g Bulgur
1 Rezeptmenge rohes Kibbeh
 (siehe Seite 120)

Hashweh (Füllung)
1 EL Pflanzenöl, plus Pflanzenöl zum
 Bestreichen
2 Zwiebeln, fein gehackt
250 g gehackter Tafelspitz vom Rind
 oder Lamm
125 g Butter
¼ TL fein gemahlener schwarzer Pfeffer
¼ TL gemahlener Kreuzkümmel
⅛ TL Chilipulver
⅛ TL gemahlener Zimt
40 g Pinienkerne, geröstet
35 g zerkrümelter Feta, nach Belieben

Den Ofen auf 200 °C vorheizen. Den Bulgur waschen und dann 15 Minuten in Wasser einweichen. In ein Sieb abgießen und gründlich ausdrücken. Unter das rohe Kibbeh kneten.

Für die Füllung das Öl in einem Topf bei niedriger Temperatur erhitzen und die Zwiebeln darin 10 Minuten anschwitzen. In eine Schüssel füllen und beiseitestellen. Das Fleisch in den Topf geben und bei hoher Temperatur braten, bis sämtliche Flüssigkeit verdampft ist. Die Wärmezufuhr auf niedrige Stufe stellen. Die Butter und sämtliche Gewürze zu dem Fleisch geben und 5 Minuten unter Rühren mitgaren. Zu den Zwiebeln geben. Die Pinienkerne und den Feta, falls verwendet, unterziehen. Zum Abkühlen beiseitestellen.

Zum Formen der Hütchen ein rundes Schüsselchen von neun Zentimeter Durchmesser und vier Zentimeter Höhe mit Frischhaltefolie auskleiden; etwas Folie über den Rand hängen lassen. Zwei Backbleche mit Öl einpinseln.

Ein Stück Frischhaltefolie auf die Arbeitsfläche legen. Für die Basis der Bulgurhütchen eine Handvoll Kibbeh-Masse zu einem Kreis von zwölf Zentimeter Durchmesser und fünf Millimeter Höhe formen. Der Kreis-Durchmesser muss größer als der des Schüsselchens sein. Zwei Esslöffel Füllung mittig daraufgeben.

Die Folie in der Schüssel mit etwas Wasser befeuchten und den Rand der Schüssel mit Kibbeh-Masse auskleiden. Die Schüssel umdrehen, auf dem Boden über der Füllung platzieren und abnehmen. Die Folie und das überschüssige Kibbeh am Rand entfernen (dieses für das nächste Hütchen verwenden) und die Ränder mit angefeuchteten Fingern aneinanderdrücken. Das Hütchen in die Hand nehmen, prüfen, ob die Ränder verschlossen sind, auf das Backblech setzen und mit Öl einpinseln. Diesen Vorgang mit dem restlichen Kibbeh und der Füllung wiederholen.

Die Hütchen 15–20 Minuten backen, bis sie dunkelbraun und durchgegart sind.

Kibbab bi laben
Kibbab-Ovale in Joghurtsuppe
Für 8 Personen

Hashweh (Füllung)
1 EL Pflanzenöl
2 Zwiebeln, fein gehackt
250 g gehackter Tafelspitz vom Rind oder Lamm
125 g Butter
¼ TL fein gemahlener schwarzer Pfeffer
¼ TL gemahlener Kreuzkümmel
⅛ TL Chilipulver
⅛ TL gemahlener Zimt

250 g Bulgur
500 g mageres Rind- oder Lammfleisch
40 g Butter
6 Knoblauchzehen, zerquetscht
220 g Mittelkornreis (Risottoreis)
1 EL getrocknete Minze
1 EL Salz
2 l Naturjoghurt
2 Eier
1 TL Natron

Marhan
3 Minzeblätter, grob gehackt
2 Basilikumblätter, grob gehackt
½ Zwiebel, grob gehackt
½ lange rote Chilischote, von den Samen befreit und gehackt, oder ¼ TL Chilipulver
½ TL fein gemahlener schwarzer Pfeffer
1¼ TL gemahlener Kreuzkümmel oder Kibbeh-Gewürzmischung (siehe Seite 22)
1¼ TL Salz

Für die Füllung das Öl in einem Topf bei niedriger Temperatur erhitzen und die Zwiebeln darin 10 Minuten anschwitzen. In eine Schüssel geben. Das Fleisch in dem Topf bei hoher Temperatur braten, bis die Flüssigkeit verdampft ist. Auf niedrige Temperatur schalten. Die Butter und die Gewürze hinzufügen und unter Rühren 5 Minuten garen. Zu den Zwiebeln geben. Abkühlen lassen.

Eiswürfel in eine Schüssel mit Wasser geben, den Bulgur waschen, in das Eiswasser rühren und für 15 Minuten in den Gefrierschrank stellen. Das Fleisch dreimal durch den Wolf drehen und für 5 Minuten in den Gefrierschrank stellen. Das Fleisch aus dem Gefrierschrank mit einem Teelöffel Eiswasser im Mixer verarbeiten, bis es eine feine, fast seidige Beschaffenheit besitzt. 200 Gramm davon abnehmen, den Rest bis zur Verarbeitung in den Gefrierschrank stellen.

Die 200 Gramm Fleisch mit den Zutaten für das *marhan* im Mixer zu einer cremigen Masse verarbeiten; in eine Schüssel füllen. Den Bulgur in ein Sieb abgießen und gut ausdrücken. Zusammen mit dem Fleisch aus dem Gefrierschrank in die Schüssel geben. Die Hände in Eiswasser tauchen, dann die Masse gründlich durchkneten.

Die Hände anfeuchten, eine Handvoll von der Fleischmasse abnehmen und auf dem Handballen eiförmig zusammendrücken. Den Zeigefinger anfeuchten, mittig hineinbohren und in der Öffnung kreisen lassen, sodass sich ein größerer Hohlraum bildet. Einen Esslöffel von der Füllung in das Loch geben. Die Hände befeuchten und das Klößchen verschließen. Mit der restlichen Fleischmasse wiederholen.

Für die Suppe die Butter in einem kleinen Topf bei niedriger Temperatur zerlassen und den Knoblauch darin 3 Minuten garen. In einem großen Topf 5 ¼ Liter Wasser zum Kochen bringen. Den Knoblauch, den Reis, die Minze und das Salz hineingeben; 5 Minuten kochen lassen. Die Kibbabs nacheinander hineingleiten und 10 Minuten kochen lassen, gelegentlich umrühren. Den Joghurt, die Eier und das Natron in einer großen Schüssel 3 Minuten mit dem Handrührgerät verquirlen. Die Mischung langsam in das kochende Wasser rühren, bis die Suppe wieder kocht; erneut 7 Minuten kochen lassen. Den Herd ausschalten und die Suppe vor dem Servieren ein paar Minuten ohne Deckel stehen lassen.

♦ Besuch ist immer willkommen

Kibbeh bi sayneeh
Gebackenes Kibbeh
Für 6–8 Personen

Hashweh (Füllung)
1 EL Pflanzenöl
2 Zwiebeln, fein gehackt
250 g gehackter Tafelspitz vom Rind oder Lamm
125 g Butter
¼ TL fein gemahlener schwarzer Pfeffer
¼ TL gemahlener Kreuzkümmel
⅛ TL Chilipulver
⅛ TL gemahlener Zimt
40 g Pinienkerne, geröstet
250 g zerkrümelter Feta, nach Belieben

500 g Bulgur
1 kg mageres Rind- oder Lammfleisch
Pflanzenöl zum Einfetten

Marhan
5 Minzeblätter, grob gehackt
4 Basilikumblätter, grob gehackt
1 Zwiebel, grob gehackt
1 lange rote Chilischote, von den Samen befreit und gehackt, oder ¼ TL Chilipulver
1 TL fein gemahlener schwarzer Pfeffer
2 ½ TL gemahlener Kreuzkümmel oder Kibbeh-Gewürzmischung (siehe Seite 22)
3 TL Salz

Für die Füllung das Öl in einem Topf bei niedriger Temperatur erhitzen und die Zwiebeln darin 10 Minuten anschwitzen; in eine Schüssel geben. Das Fleisch in dem Topf bei starker Hitze braten, bis der Fleischsaft verdampft ist. Die Butter und die Gewürze dazugeben und bei niedriger Temperatur weitere 5 Minuten garen. Zu den Zwiebeln geben. Die Pinienkerne sorgfältig untermengen. Abkühlen lassen.

Eine Schüssel mit Eiswürfeln und Wasser füllen. Den Bulgur waschen, in das Eiswasser rühren und für 15 Minuten in den Gefrierschrank stellen. Das Fleisch in Stücke schneiden und dreimal durch den Wolf drehen (oder den Metzger bitten, dies zu tun) und für 5 Minuten in den Gefrierschrank stellen.

Den Ofen auf 200 °C vorheizen. Das durchgedrehte Fleisch mit einem Teelöffel Eiswasser im Mixer verarbeiten, bis es eine feine, fast seidige Beschaffenheit besitzt. 200 Gramm davon abnehmen und den Rest erneut in den Gefrierschrank stellen.

Die 200 Gramm Fleisch und die Zutaten für das *marhan* im Mixer zu einer cremigen Masse verarbeiten; in eine Schüssel füllen. Den Bulgur in ein Sieb abgießen, gründlich ausdrücken und mit dem Fleisch aus dem Gefrierschrank dazugeben. Die Hände in Eiswasser tauchen, dann die Masse gründlich durchkneten.

Den Boden einer 33 Zentimeter großen, runden Backform mit Öl einpinseln. Die Hälfte der Masse mit angefeuchteten Händen darauf verteilen, die Oberfläche glatt streichen. Darauf die Füllung und den Feta, falls verwendet, verteilen. Mit der restlichen Kibbeh-Masse bedecken. Mit einem feuchten Messer gleich große Rauten einritzen. Mit dem Finger ein Loch in die Mitte der Masse bohren. Eine dünne Schicht Öl über das Fleisch gießen, sodass es in das Loch hineinläuft. Das Kibbeh im Ofen backen und im Auge behalten. Sobald das Öl zu brutzeln anfängt, das Gericht noch etwa 20 Minuten backen, bis es goldbraun und gar ist.

Shish kebab

Ergibt 14 Spieße

In Hummus, Baba ganoush oder Knoblauchsauce getunkt schmeckt Shish kebab noch besser. Für meine Begriffe ist das der Geschmack des Sommers.

1 kg Lammschulter, in etwa 3 cm große Würfel geschnitten
Salz
350 g Kirschtomaten, ersatzweise 4 Tomaten, in große Würfel geschnitten
3 Zwiebeln, in Achtel geschnitten
500 g Champignons
2 rote oder grüne Paprikaschoten, in große Würfel geschnitten

Vor dem Grillen 14 Holzspieße 30 Minuten in Wasser einweichen.

Das Fleisch salzen und dann abwechselnd zwei Stücke Fleisch und ein paar Stücke Gemüse auf die Spieße stecken. An der Spitze der Spieße etwa einen Zentimeter, am unteren Spießende etwa vier Zentimeter Platz lassen.

Den Grill auf mittlerer Temperatur vorheizen. Die Kebabs auf den Rost legen und auf jeder Seite 4–5 Minuten grillen, bis sie nach Ihren Vorstellungen gebräunt sind, dabei einmal wenden. Die Spieße können auch in der gleichen Zeit unter dem Backofengrill zubereitet werden.

Shish tawook
Mariniertes Huhn
Für 8 Personen

Wenn ich Shish tawook zubereite, läuft mir von Anfang an das Wasser im Mund zusammen. Das marinierte Huhn kann auch in libanesisches Brot eingewickelt und gegessen werden. Wir geben beim Einwickeln gerne Hummus sowie eingelegte weiße Rüben, eingelegte Gurken und ein paar Salatblätter dazu.

4 Knoblauchzehen, zerquetscht
1 TL Salz
4 EL Olivenöl
Saft von 1 Zitrone
2 EL weißer Essig
1 EL getrockneter Oregano
1 kg Hühnerbrustfilets, waagerecht halbiert

Den Knoblauch, das Salz, das Öl, den Zitronensaft, den Essig und den Oregano in einer großen Schüssel miteinander vermengen.

Das Hühnerfleisch in die Marinade legen und gründlich darin wenden. Über Nacht im Kühlschrank ziehen lassen.

Einen Grill auf mittlere Temperatur erhitzen und das Hühnerfleisch 2–3 Minuten auf jeder Seite braten, bis es gar ist. Man kann das Fleisch in der gleichen Zeit auch bei mittlerer Temperatur in einer Bratpfanne zubereiten.

Tipp: Wer das lieber mag, kann das Hühnerfleisch auch in drei Zentimeter große Stücke schneiden und auf Spieße stecken. In diesem Fall bitte keinen Oregano in die Marinade geben. Für dieses Rezept eignet sich auch das Fleisch von der Hühnerkeule.

♦ Besuch ist immer willkommen

Schawarma
Kebab-Rollen
Für 6 Personen

1 kg Lammrücken oder -lende
1 EL Olivenöl
6 libanesische Brote
½ Eisbergsalat, in Streifen geschnitten
3 Tomaten, in Scheiben geschnitten
1 rote Zwiebel, in Scheiben geschnitten
1 Handvoll glatte Petersilie, gehackt
Hummus (siehe Seite 38), Baba ganoush (siehe Seite 39) oder Knoblauchsauce (siehe Seite 42), zum Servieren

Marinade
2 Knoblauchzehen, zerquetscht
1 EL Olivenöl
1 EL weißer Essig
250 ml Rotwein
1 TL Baharat-Gewürzmischung meiner Familie (siehe Seite 22)
¼ TL Chilipulver
¼ TL Salz

Alle Zutaten für die Marinade in einer Schüssel verrühren. Das Fleisch hineinlegen, darin wenden und mindestens 2 Stunden darin ziehen lassen. Tante Rosa mariniert das Fleisch gerne über Nacht, dann wird das Aroma kräftiger.

Eine große Bratpfanne bei mittlerer bis hoher Temperatur erhitzen, das Öl hineingießen und das Fleisch darin so lange braten wie gewünscht, einmal wenden.

Für die Zubereitung der Rollen die libanesischen Brotfladen auf der Arbeitsfläche ausbreiten und etwas Salat, Tomate, Zwiebel, Petersilie, Lammfleisch und eine der Saucen nach Wahl daraufgeben. Fest zusammenrollen und servieren.

♦ Besuch ist immer willkommen

Rooz a deejesh
In Brühe gekochter Reis mit Huhn
Für 4–6 Personen

Dies ist die Spezialität meiner Mutter Joumana.

60 g Butter
2 Zwiebeln, geviertelt
1 kg Filet von der Hühnerkeule
1 Zimtstange
440 g Mittelkornreis (Risottoreis), sehr gut gewaschen
1 TL Salz
⅛ TL gemahlener Zimt
115 g Pinienkerne
40 g Mandelsplitter

20 Gramm Butter in einem Topf bei mittlerer Temperatur zerlassen und die Zwiebeln darin anschwitzen, bis sie weich sind. Das Hühnerfleisch und die Zimtstange dazugeben und etwa 20 Minuten braten, bis es braun und durchgebraten ist. Zwei Liter kochendes Wasser in den Topf gießen. Aufkochen und 30 Minuten köcheln lassen. In ein Sieb, das über einer Schüssel steht, abgießen und die Brühe auffangen.

Die restliche Butter bei niedriger Temperatur in einem Topf zerlassen und den Reis, das Salz und den Zimt unterrühren. Einen Liter von der Hühnerbrühe dazugießen. Bei starker Hitze zum Kochen bringen. Die Wärmezufuhr verringern, den Deckel auf den Topf legen und den Reis 10–15 Minuten köcheln lassen, bis er gar ist.

Die Pinienkerne und die Mandelsplitter getrennt voneinander in einer beschichteten Pfanne braten, bis sie eine goldbraune Farbe angenommen haben. Aus der Pfanne nehmen.

Das Hühnerfleisch nach dem Abkühlen mit den Händen in große Stücke zupfen; beiseitestellen. Die Zwiebelviertel wegwerfen.

Dieses Gericht wird normalerweise auf einer ovalen Servierplatte gereicht. Der Reis wird auf die Platte gehäuft und darauf verteilt. Danach wird das Hühnerfleisch auf dem Reis angerichtet und zum Abschluss mit den Mandeln sowie den Pinienkernen bestreut.

Usbeh maqlii
Gebratene Leber
Für 4 Personen

Lamm- oder Kalbsleber kann wie hier gebraten oder sogar roh verzehrt werden, wenn sie extrem frisch ist. Schneiden Sie die Leber in feine Stücke und servieren Sie sie mit einem kleinen Teller, auf dem je ein Teelöffel Salz, Chilipulver und fein gemahlener schwarzer Pfeffer vermischt wurden. Die Fleischstücke in die Gewürze dippen und essen – oder in libanesisches Brot wickeln.

500 g Lamm- oder Kalbsleber
⅛ TL Baharat-Gewürzmischung meiner Familie (siehe Seite 22)
⅛ TL Chilipulver
⅛ TL Salz
1 EL Olivenöl
Saft von ½ Zitrone

Die Haut von der Leber abziehen. Wenn die Leber im Ganzen gekauft wurde, in Streifen von etwa sechs Zentimeter Länge und fünf Millimeter Breite schneiden. Sämtliches Fett und die Adern entfernen, damit eine glatte Oberfläche übrig bleibt.

Die Leber mit der Baharat-Gewürzmischung, dem Chilipulver und dem Salz würzen. Eine beschichtete Pfanne bei hoher Temperatur erhitzen, das Öl hineingießen und die Leber braten, bis sie hell- bis mittelbraun ist, oder nach Belieben auch länger.

Von der Kochstelle nehmen und mit Zitronensaft beträufeln.

Alb maqlii
Gebratene Herzstreifen
Für 4 Personen

Bereiten Sie dieses Rezept ebenso zu wie die Leber oben. Allerdings müssen die Streifen sehr viel dünner sein.

500 g Lamm- oder Kalbsherz
⅛ TL Baharat-Gewürzmischung meiner Familie (siehe Seite 22)
⅛ TL Chilipulver
⅛ TL Salz
1 EL Olivenöl
Saft von ½ Zitrone

Die Haut vom Herz abziehen. Das Herz in feine Streifen schneiden und mit dem Baharat-Gewürz, dem Chilipulver und dem Salz würzen. Das Öl in einer beschichteten Pfanne bei hoher Temperatur erhitzen und die Herzstreifen braten, bis sie braun sind, oder nach Belieben auch länger.

Von der Kochstelle nehmen und mit Zitronensaft beträufeln. Mit reichlich frischem Salat servieren.

♦ Besuch ist immer willkommen

Al-saman ibtabel
Marinierte Wachtel
Für 6 Personen

6 Wachteln
½ TL Salz, plus extra Salz
3 Knoblauchzehen
Saft von 1 Zitrone oder 3 EL weißer Essig
3 EL Olivenöl
2 TL getrockneter Oregano

Die Wachteln waschen und zum Abtropfen in einen Durchschlag legen. Das Rückgrat entfernen, die Wachteln auseinanderklappen und etwas flach drücken.

Die Wachteln mit dem Salz einreiben. Den Knoblauch und eine Prise Salz im Mörser zerstoßen und dann mit dem Zitronensaft oder Essig, dem Öl und dem Oregano in einer großen nichtmetallenen Schüssel verrühren. Die Wachteln für 2–24 Stunden hineinlegen.

Den Grill auf mittlere Temperatur erhitzen und die Wachteln auf jeder Seite 5 Minuten garen – nach Belieben auch länger.

Salatat lisaanat
Zungensalat
Für 8 Personen

12 Lammzungen oder 1 Rinderzunge
1 Zimtstange
¼ TL Salz
3 Knoblauchzehen
1 EL Zitronensaft
1 EL Olivenöl
2 EL frische Minze, fein gehackt, oder 1 EL getrocknete Minze
1 Handvoll glatte Petersilie, fein gehackt
½ TL Chilipulver, nach Belieben

Die Zunge(n) und die Zimtstange in einem Topf mit Wasser bedecken. Zum Kochen bringen und mit etwas Salz würzen. Die Lammzungen 1½ Stunden, die Rinderzunge 2 Stunden köcheln lassen, bis sie weich und gar sind. In ein Sieb geben und so weit abkühlen lassen, dass sie angefasst werden können. Die Haut mit den Händen abziehen und wegwerfen. Das Fleisch in Würfel schneiden und beiseitestellen.

Den Knoblauch und eine Prise Salz im Mörser zerstoßen. In einer großen Schüssel mit dem Zitronensaft, dem Öl und der gewürfelten Zunge vermengen. Die Kräuter und das Chilipulver, falls verwendet, darüberstreuen.

Tipp: Die gekochte enthäutete Zunge ist auch pur mit Knoblauchsauce (siehe Seite 42) ein Genuss.

Kilya maqlii
Gebratene Niere
Für 4 Personen

Das Braten von Nieren ähnelt der Zubereitung von Leber – nur dass Letztere etwas länger garen müssen.

500 g Lamm- oder Kalbsniere
⅛ TL Baharat-Gewürzmischung meiner Familie (siehe Seite 22)
⅛ TL Chilipulver
⅛ TL Salz
1 EL Olivenöl
Saft von ½ Zitrone

Die Haut von der Niere abziehen. Die Niere in Streifen schneiden und mit dem Baharat-Gewürz, dem Chilipulver und dem Salz würzen. Das Öl in einer beschichteten Pfanne bei hoher Temperatur erhitzen und die Niere darin braten, bis sie hell bis mittelbraun ist, oder nach Belieben auch länger.
Von der Kochstelle nehmen und mit Zitronensaft beträufeln.

Gummeh
Gefüllte Kutteln
Für 6–8 Personen

2 kg Lamm- oder Rinderkutteln
75 g Mehl
1 EL Salz
2 Zitronen, in Spalten geschnitten
125 ml weißer Essig

Füllung
150 g Pinienkerne
185 g Butter
750 Hackfleisch vom Lamm
165 g Mittelkornreis, gewaschen und abgetropft
4 Zwiebeln, gehackt
1 ¼ TL Baharat-Gewürzmischung meiner Familie (siehe Seite 22)

Das Innere der Kutteln nach außen wenden und mit dem Mehl, dem Salz, den Zitronenspalten und dem Essig in eine große Schüssel geben. Die Kutteln gründlich darin wenden und 30 Minuten so stehen lassen, dann mit Handbewegungen, wie bei der Handwäsche von Textilien, reinigen. Unter fließendem Wasser gründlich abspülen und anschließend in zehn Zentimeter große Quadrate schneiden.

Die Kutteln mit dem grob strukturierten Teil nach außen in ein Sieb legen, das in einer Schüssel hängt. Mit Nadel und Faden die Stücke zu 10 × 5 Zentimeter großen Beuteln vernähen, eine der kurzen Seiten für die Füllung offen lassen.

Zur Zubereitung der Füllung die Pinienkerne in einer Pfanne ohne Fett goldbraun rösten. Aus der Pfanne nehmen. Die Butter in der Pfanne zerlassen, das Lammfleisch dazugeben und etwa 10 Minuten braten, bis es eine braune Farbe annimmt. Beiseitestellen und abkühlen lassen, dann die Pinienkerne, den Reis, die Zwiebeln und die Baharat-Gewürzmischung unterrühren.

Die Kutteltaschen dreiviertel voll mit der Masse füllen und die Öffnung zunähen.

Die Kutteltaschen in einen großen Topf legen und mit fünf Liter Wasser übergießen. Bei hoher Temperatur zum Kochen bringen, den Schaum von der Oberfläche abschöpfen. Die Wärmezufuhr verringern und die Kutteln 1½–2 Stunden köcheln lassen; sie müssen zart und weich geworden sein. Den Baumwollfaden entfernen und die Kutteln servieren.

Gut zu wissen: Für das Zunähen der Kutteltaschen können Sie eine gewöhnliche Nadel und einen Baumwollfaden verwenden.

♦ Besuch ist immer willkommen

4
Meine Familie
Fasten und Feiern

Zur Reinigung des Geistes

»Seit Jahren kochen wir die gleichen Gerichte, die Familienbande sind auch die gleichen geblieben.« Tante Rosa

Das ganze Jahr über feiern die maronitischen Katholiken religiöse Feste, die mit Ritualen im Familienkreis begangen werden. In unserer Familie ist das Fasten vor Ostern und Weihnachten am verbreitetsten. Das große Fasten, auch als 40-tägige Bußzeit bezeichnet, findet an den 40 Tagen vor Ostern statt – wir gedenken der 40 Tage, die Jesus vor seiner Kreuzigung in der Wüste verbrachte. Das kleine Fasten an den neun Tagen vor Weihnachten symbolisiert Marias neunmonatige Schwangerschaft. Während des Fastens verzichten wir von Mitternacht bis Mittag auf Nahrung.

Fastenzeit
Während der Fastenzeit ernähren wir uns von vegetarischen Speisen und von Fisch, auch wenn wir normalerweise lieber Fleisch essen. Die Gläubigen verzichten auf Fleisch, Milchprodukte, Süßigkeiten und Kaffee. Auch meine Mutter widersteht standhaft ihren Lieblingsspeisen wie etwa Käse, Brot und Kaffee. »Das ist alles nur Willenskraft«, sagt sie. Die Frau, die normalerweise ohne Kaffee nicht in Schwung kommt, aktiviert Seele, Körper und Geist. Vom ersten Tag des Fastens an, das bei uns am sogenannten Aschermontag beginnt, stellt sie ihre Ernährung um und lebt ihren Glauben. Sie nutzt diese Zeit, um über ihr Verhältnis zu anderen nachzudenken, und versucht, Unstimmigkeiten beizulegen. Danach, gesteht sie, »fühle ich mich sehr wohl in meinem Körper«, und integriert allmählich wieder ihre Leibspeisen in den Alltag. »Normalerweise stehen Kaffee und Käse bei mir ganz oben«, erklärt sie.

Citi Leila war immer beeindruckt, wenn sie sah, wie ihre Enkelkinder fasteten. Auch ich schloss mich einmal ihr und meiner

Mutter an. Eines Tages, mitten in der Fastenzeit, ging ich nach der Schule direkt zu Citis Haus. Es war Mittag, ich hatte gerade eine Prüfung hinter mir und war hungrig.

Beim Duft von Citis Hühner- und Tomatensuppe kam es, wie es kommen musste – ich geriet in Versuchung. Es handelte sich nämlich um die Suppe, die sie zubereitete, wenn jemand krank war. An diesem Tag hatte sie die Suppe für Gidi gekocht. Überwältigt von meinem Hunger, unfähig zu warten, bis Citi ihr Telefongespräch beendet hatte, nahm ich mir einen Teller Suppe. Als sie in die Küche kam und sah, wie ich dort genüsslich meine Suppe aß, sagte sie: »Mein Liebling, ich dachte, dass du während des Fastens kein Fleisch isst?« Verwirrt antwortete ich. »Das mache ich doch! Deshalb habe ich ja das Hühnerfleisch herausgetan.« Da brach sie in lautes Lachen aus, und noch heute erzählt Citi in jeder Fastenzeit diese Geschichte. Insgeheim glaube ich, dass ihr das beim Fasten hilft.

Ostern und Weihnachten
Als meine Geschwister und ich noch klein waren, zog uns Mutter für den sonntäglichen Frühgottesdienst unsere besten Kleider an. Wir besuchten über viele Jahre hinweg am liebsten die Kirche St. Maroun in Redfern, wo sich jede Woche eine eng verbundene Gemeinschaft von Libanesen aus Becharee traf. Nach jedem Gottesdienst redete man vor der Kirche stundenlang miteinander. Zu Ostern und Weihnachten warfen sich alle in Schale und es war, als ob in der Kirche eine Oscar-Verleihung stattfände. Mutter hatte uns perfekt hergerichtet. Vor der Kirche wurden unzählige Fotos von uns gemacht, die ich mir immer ansehe, wenn ich eine Aufmunterung brauche. Wir stehen dort in Samt, Spitzen und Rüschen, mit Kniestrümpfen und blank polierten italienischen Lederschuhen an den Füßen. Meine Schwestern

Fasten und Feiern

und ich hatten perfekt gekämmte Haare, an denen keine einzige Strähne falsch saß, und unsere Fingernägel waren hellrosa lackiert. Der Gottesdienst war immer so gut besucht, dass ich mich nicht an einen Festtag erinnern kann, an dem wir tatsächlich im Inneren der Kirche Platz gefunden hatten. Um der großen Besucherschar Herr zu werden, installierte man Lautsprecher, sodass auch die Menschen vor der Kirche den Gottesdienst mitverfolgen konnten.

Die energiegeladene Festtagsstimmung kochte immer dann über, wenn wir Citis Haus betraten. Tante Rosa fasst es perfekt in Worte: »Wenn wir zu Mutters Haus fuhren, dauerte uns die Fahrt immer zu lange. Wir waren voller Vorfreude, aufgeregt und konnten es gar nicht abwarten, einander wiederzusehen.« Weihnachten und Ostern wurden immer im Haus von Citi gefeiert. Die ganze Familie umfasste mehr als 45 Personen – bei diesen Treffen gab es kaum einen langweiligen oder ruhigen Augenblick. Sobald wir in ihrem Haus angekommen waren, konnten wir gar nicht umhin, uns zu umarmen, in die Wangen zu kneifen und uns zu küssen. Wenn sich die Gemüter fürs Erste beruhigt hatten, begannen die Vorbereitungen, also das kontrollierte Chaos. »Man kann es nicht mit Worten beschreiben, wie das ist, wenn wir gemeinsam kochen«, sagt Tante Hind. »Es ist das pure Vergnügen, wir sind eine eingeschworene Gemeinschaft. Wenn wir zusammen sind, geraten wir immer vor Freude aus dem Häuschen.«

Meine schönsten Kindheitserinnerungen sind diejenigen, bei denen ich an unsere Ankunft in Citis Haus während dieser Feiertage zurückdenke. Hier nun eine kurze Beschreibung dessen, was an einem Tag wie diesem passiert.

Verführerische Düfte strömen aus Citis Küche und ihrer Zweitküche (der Waschküche). Citi war in der Mitternachtsmesse gewesen und ist bei Tagesanbruch aufgestanden. In der Zweitküche bereitet sie gerne ihre Spezialgerichte wie Kutteln und Kibbeh zu. Die eigentliche Küche wird den anderen überlassen.

Bündel von gewaschener Petersilie liegen, auf Baumwolltüchern ausgebreitet, auf dem Küchentisch. Eine Kiste voller saftiger, roter Tomaten steht darunter. Diese warten darauf, dass Tante Rosas geschickte Hände sie für das Taboulé hacken. Sie trommelt ihre Nichten und Neffen zusammen, damit diese ihr beim Entsaften der Zitronen und dem Schneiden der Zwiebeln helfen. Ihr gegenüber steht Tante Hind, die den Dienst am Hummus übernommen hat. Meine Mutter befindet sich mittendrin. Während sie auf dem Herd und im Ofen ein paar Gerichte gleichzeitig zubereitet, wirft sie sich gerne ein Geschirrtuch über die Schulter. Bevor die Speisen auf den Tisch unter die lange Pergola im Garten gestellt werden, garniert Tante Therese sie. Das Aussehen ist genauso wichtig wie der Geschmack. »Ich dekoriere die Platten und gebe den Gerichten den letzten Schliff«, erklärt sie. Im Garten sitzen die Männer um den Grill und wechseln sich beim Grillen des Fleisches ab. Ihre Enkel bemühen sich, den Tisch perfekt zu decken. Die Aufgabe, alle Gerichte auf dem Tisch unterzubringen, wird von Jahr zu Jahr schwieriger, denn die Familie wächst ständig. Diejenigen, die am Tisch keinen Platz finden, verteilen sich auf Haus und Garten.

Im Wohnzimmer liegen Geschenke unter dem zwei Meter hohen künstlichen Weihnachtsbaum. Ein paar Wochen vor Weihnachten wird ausgelost, wer für wen ein kleines Geschenk besorgt. Nach dem Essen werden die Geschenke ausgepackt. Und man bekommt den Eindruck, dass ein Sturm aus Geschenkpapier und -bändern tobt. Stundenlang hallt lautes Gelächter durch das Haus und man fühlt die Aufregung förmlich, die in der Luft liegt.

Kibbet il roheb
Kibbeh-Suppe der Mönche (Karfreitagssuppe)
Für etwa 8 Personen

150 g getrocknete Borlotti-Bohnen
150 g getrocknete Kichererbsen
4 EL Olivenöl
3 Zwiebeln
500 g Mangold, in Streifen geschnitten
Zitronensaft zum Servieren

Klößchen
250 g Bulgur
2 Zwiebeln, fein gehackt
Salz
1 TL gemahlener Kreuzkümmel
1 TL fein gemahlener schwarzer Pfeffer
¼ Muskatkürbis, das Fleisch gedämpft oder gekocht und zerstampft
1 EL frische Minzeblätter, gehackt, oder 1 TL getrocknete Minze
⅛ TL Chilipulver, nach Belieben
110 g Mehl, eventuell etwas mehr

Die Borlotti-Bohnen und die Kichererbsen über Nacht getrennt voneinander einweichen. In ein Sieb abgießen, abspülen und abtropfen lassen.

In der Zwischenzeit den Bulgur für die Klößchen in 500 Milliliter warmem Wasser 30 Minuten einweichen. Abtropfen lassen und gut ausdrücken.

Die Bohnen und die Kichererbsen in einen Kochtopf mit drei Liter Wasser geben. Bei mittlerer Temperatur etwa 1 Stunde kochen, bis sie gerade eben weich werden. Die Hitze reduzieren und 250 Milliliter Wasser dazugießen, damit die Bohnen nicht mehr kochen. Bei niedriger Temperatur weitergaren.

Das Öl bei niedriger Temperatur in einer Pfanne erhitzen und die Zwiebeln darin glasig und goldbraun schwitzen. Unter die Bohnen und Kichererbsen rühren und die Suppe halb zugedeckt bei niedriger Temperatur weitergaren.

Nun für die Klößchen die Zwiebeln mit etwas Salz bestreuen und in eine große Schüssel geben. Die restlichen Zutaten und den Bulgur hinzufügen und alles mit den Händen zu einer glatten Masse kneten.

Zwei Teelöffel der Masse mit den Händen zu einer Wurst rollen und dann eine Kugel von 2,5 Zentimeter Durchmesser formen. Sie sollte sich fest anfühlen. Wenn sie zu weich ist, etwas Mehl unter die Masse kneten. Mit der restlichen Masse wiederholen.

Die Suppe erneut zum Kochen bringen und die Klößchen nacheinander hineingleiten lassen. Gelegentlich umrühren, damit sie nicht aneinanderkleben. Den Mangold hinzufügen, vorsichtig umrühren und 10–15 Minuten kochen.

Vor dem Servieren den Zitronensaft in die Suppe träufeln.

Tipp: Die Klößchenmasse kann auch zu Frikadellen geformt und in etwas Öl in der Pfanne gebraten werden.

Kibbeh otah
Vegetarische Kibbeh-Ovale
Ergibt 20 Stück

Pflanzenöl zum Einpinseln
500 g Bulgur
⅛ Kürbis (Muskatkürbis), das Fleisch gekocht und zerstampft
1 Zwiebel, fein gerieben
1 EL frische Minzeblätter, gehackt, oder 1 TL getrocknete Minze
etwa 150 g Mehl
¼ TL fein gemahlener schwarzer Pfeffer
1 TL gemahlener Kreuzkümmel
1½ TL Meersalz

Füllung
220 g getrocknete, gespaltene Kichererbsen (erhältlich im libanesischen Lebensmittelgeschäft oder evtl. im Bioladen)
2 TL Olivenöl
2 Zwiebeln, gehackt
250 g Mangold, die Blätter in feine Streifen geschnitten
⅛ TL gemahlener Kreuzkümmel
⅛ TL Chilipulver
⅛ TL fein gemahlener schwarzer Pfeffer
⅛ TL Salz

Für die Füllung die Kichererbsen über Nacht einweichen. Dann in ein Sieb abgießen, abspülen und abtropfen lassen. Die Kichererbsen in einem Topf mit Wasser bedecken, aufkochen und 20 Minuten kochen lassen. Von der Kochstelle nehmen und abgießen.

Das Olivenöl bei niedriger Temperatur in einer Pfanne erhitzen und die Zwiebeln darin weich und glasig schwitzen. Die Kichererbsen dazugeben und 10 Minuten rühren. Den Mangold und sämtliche Gewürze hinzufügen und 5 Minuten unter gelegentlichem Rühren garen. Die Füllung in eine Schüssel füllen und abkühlen lassen.

Den Ofen auf 200 °C vorheizen. Ein Backblech mit Öl einpinseln.

Den Bulgur 30 Minuten in 500 Milliliter warmem Wasser einweichen, dann in ein Sieb abgießen und mit den Händen gründlich ausdrücken. Zusammen mit den restlichen Zutaten in einer großen Schüssel vermengen.

Die Hände mit etwas Wasser befeuchten. Eine Handvoll Bulgurmasse nehmen, zu einem länglichen Ei von der Größe des Handballens rollen und den angefeuchteten Zeigefinger an einem spitzen Ende hineinstecken. Den Hohlraum durch Bewegen des Fingers vergrößern, bis er nur noch von einer dünnen Wand umgeben ist. Das Kibbeh sollte dabei auf der Handfläche liegen. Einen Esslöffel Füllung in das Loch geben. Die Hände befeuchten, das Kibbeh oben zusammendrücken und verschließen. Auf das Blech legen und mit Öl bestreichen. Diesen Vorgang mit der restlichen Masse wiederholen.

Die Kibbeh in 180 °C heißem Öl hellbraun ausbacken, aber nicht länger als 5 Minuten.

Tipp: Anstatt der Klößchen können Sie auch diese vegetarischen Kibbeh-Ovale in die Karfreitagssuppe (siehe Seite 156) geben: Die fertigen Ovale kurz vor dem Servieren in die Suppe gleiten lassen. Aus dem Teig lassen sich auch Bratlinge zubereiten. Die Masse entsprechend formen, mit Öl einpinseln und goldbraun braten.

Olab hoodrah
Gemüsestapel
Für 6–8 Personen

220 g getrocknete gespaltene Kichererbsen (erhältlich im libanesischen Lebensmittelgeschäft)
2 große Auberginen, geschält und in 1 Zentimeter dicke Scheiben geschnitten
Pflanzenöl zum Einpinseln
1 TL Salz
1 TL gemahlener Kreuzkümmel
4 Zwiebeln, in Ringe geschnitten
500 g Champignons, in Scheiben geschnitten
1 rote Paprikaschote, in Ringe geschnitten
1 grüne Paprikaschote, in Ringe geschnitten
4 Tomaten, in Scheiben geschnitten
1 EL Tomatenmark

Die Kichererbsen über Nacht einweichen. In ein Sieb abgießen, abspülen und abtropfen lassen.

Die Auberginen mit etwas Öl einpinseln und in einer Pfanne bei starker Hitze portionsweise auf beiden Seiten braten.

Das Salz und den Kreuzkümmel vermengen. In einen großen Topf die Zwiebeln, die Kichererbsen, die Auberginen, die Pilze und die Paprika schichten, dabei mit der Salz-Kreuzkümmel-Mischung bestreuen. Mit einer Schicht Tomaten abschließen.

Das Tomatenmark in 250 Milliliter Wasser auflösen und über das Gemüse gießen. Zum Kochen bringen und zugedeckt 30–40 Minuten köcheln lassen, bis das Gemüse zart ist.

Tipp: Mit Kartoffelbrei oder gekochtem Reis mit Eiernudeln (siehe Seite 36) servieren.

Marshoosheh
Gemüse mit Bulgur
Für 4 Personen

»*Je mehr Zwiebeln, desto besser schmeckt es.*« Mutter Joumana

3 EL Olivenöl
2 Zwiebeln, fein gehackt
1 lange rote Chilischote, von den Samen befreit und gehackt
⅛ kleiner Spitzkohl, in Streifen geschnitten oder fein gehackt
90 g Bulgur
Salz

Das Öl in einem Topf bei mittlerer Temperatur erhitzen. Die Zwiebeln und den Chili dazugeben und anbraten, bis sich die Zwiebeln goldbraun färben. Den Kohl und den Bulgur hinzufügen und untermengen. Die Hitze reduzieren und alles zugedeckt 15 Minuten garen. Mit Salz würzen und servieren.

Arnabiit maqlii
Gebratener Blumenkohl
Für 4–6 Personen

1 Blumenkohl
Pflanzenöl zum Frittieren
150 g Mehl
3 Eier

Den Blumenkohl waschen, in Röschen zerteilen und dämpfen, bis er weich wird. Die Röschen sollten etwas weicher geworden, aber dennoch fest sein. Beiseitestellen, bis man das Gemüse anfassen kann, dann jedes Röschen halbieren.

Das Öl in einem großen Topf auf 160 °C erhitzen. Das Mehl auf einem Teller verteilen. Die Eier in einer Schüssel verquirlen. Den Blumenkohl zuerst im Mehl wälzen und dann in die verquirlten Eier tauchen. Jedes Stück sollte rundherum überzogen sein. Die Blumenkohlröschen portionsweise frittieren, bis sie goldbraun sind. Den Blumenkohl auf einem Kuchengitter abtropfen lassen.

M'Juderah
Reis mit Linsen
Für 6–8 Personen

400 g braune Linsen
4 EL Olivenöl
3 Zwiebeln, gehackt
100 g Lang- oder Mittelkornreis,
    Vollkorn oder weiß
2 TL Salz

Die Linsen gründlich abspülen und verlesen, um mögliche Steinchen auszusortieren.

Das Öl in einem Topf auf mittlere Temperatur erhitzen und die Zwiebeln darin goldbraun braten (dadurch wird das Gericht aromatischer). Die Linsen dazugeben und unter die Zwiebeln mischen. Bei der Verwendung von Vollkornreis diesen ebenfalls jetzt hinzufügen.

Zwei Liter Wasser und das Salz dazugeben, den Deckel auf den Topf legen und das Wasser bei starker Hitze zum Kochen bringen. Die Linsen bei reduzierter Hitze etwa 30 Minuten kochen lassen, bis sie anfangen, weich zu werden. Wenn das Gericht zu trocken wird, noch etwas Wasser dazugießen. Bei der Verwendung von weißem Reis diesen jetzt dazugeben und alles bei starker Hitze erneut aufkochen lassen. Die Temperatur verringern und alles etwa 10 Minuten köcheln lassen, bis der Reis und die Linsen gar sind.

Die Masse sofort in eine Auflaufform schöpfen. Sie sollte noch leicht flüssig sein. 20 Minuten unbedeckt stehen lassen. Die Linsen und der Reis nehmen das restliche Wasser auf und das Gericht erscheint etwas trockener.

Der Reis mit Linsen kann sofort serviert oder kalt verzehrt werden. Köstlich ist dazu ein Klecks Laben (siehe Seite 30) oder Labneh (siehe Seite 31).

Tipp: Kalter Reis mit Linsen schmeckt hervorragend zu Tomatensalat mit getrockneter Minze (siehe Seite 63), passt aber auch zu Spitzkohlsalat (siehe Seite 54).

Falafel

Ergibt 28 Bällchen

Bei diesem Rezept können Sie entweder einen Falafel-Löffel verwenden oder mit den Händen arbeiten. Ersterer ähnelt einem Eislöffel. Falafel kann bei einem Büfett mit Pickles, Salat, Gemüse, Tahin- und Knoblauchsauce sowie Baba ganoush serviert werden.

250 g getrocknete Dicke Bohnen, ganz oder gespalten
100 g getrocknete Kichererbsen
1 kleine Handvoll Koriandergrün, gehackt
2 EL gehackte Minze
1 Zwiebel, grob gehackt
5 Knoblauchzehen
1 kleines Bund glatte Petersilie, gehackt
1 TL Salz
1 TL Falafel-Gewürzmischung
1 lange rote oder grüne Chilischote, von den Samen befreit und gehackt, nach Belieben
Pflanzenöl zum Frittieren

Die Dicken Bohnen und die Kichererbsen in einer große Schüssel mit Wasser bedecken und über Nacht einweichen. In ein Sieb abgießen und abtropfen lassen.

Am nächsten Tag sämtliche Zutaten bis auf das Öl in einer Schüssel vermengen. Tassenweise in einen Mixer geben und zu einem grünen Mus verarbeiten. Die Masse muss, wenn man etwas davon in die Hand nimmt und zu einer Kugel drückt, ihre Form behalten. Tut sie dies nicht, eventuell etwas Mehl unterarbeiten.

Etwas Öl in einem kleinen Topf auf 180 °C erhitzen. Wenn die Falafel mit den Händen zubereitet werden, abgeflachte Kugeln von zwei Zentimeter Höhe und etwa 5,5 Zentimeter Durchmesser formen. Diese portionsweise in dem heißen Öl frittieren, bis sie auf einer Seite goldbraun geworden sind, dann umdrehen und auf der anderen Seite braten. Auf Küchenpapier abtropfen lassen und servieren.

Bei der Verwendung eines Falafel-Löffels mit einem zweiten Löffel etwas von der Masse in die Form füllen und die Kugeln auf die gleiche Art und Weise wie eben beschrieben in das heiße Öl gleiten lassen und frittieren.

Tipp: Für ein Falafel-Sandwich ein Stück libanesisches Brot horizontal halbieren und die Teile wieder aufeinanderlegen, dadurch wird die Rolle fester. Einige Falafel halbieren und mittig auf das Brot legen. Salatstreifen, Tomatenscheiben, Zwiebelringe und in Scheiben geschnittene Pickles daraufgeben, mit Tahinsauce beträufeln und das Brot fest zusammenrollen.

Hindbeh maslooa ma'a basal
Blanchierter Frisée mit Zwiebeln
Für 4 Personen

1 Kopf Frisée
1 EL Pflanzenöl
4 Zwiebeln, in feine Spalten geschnitten
1 TL Olivenöl
Saft von ½ Zitrone
Salz

Den Frisée waschen und die unteren Teile der Stiele abschneiden und wegwerfen. Die Blätter in drei oder vier Teile schneiden.

Den Frisée in kochendem Salzwasser etwa 30 Minuten garen, bis die Blätter sehr weich geworden sind. Die Farbe der Endivie verändert sich von Hell- nach Dunkelgrün. In ein Sieb abgießen und abkühlen lassen, dann so gut wie möglich das Wasser herausdrücken.

Das Pflanzenöl bei niedriger Temperatur in einer Pfanne erhitzen und die Zwiebeln darin braten, bis sie goldbraun und weich sind. Auf einen Teller geben und beiseitestellen.

In derselben Pfanne das Olivenöl erhitzen und den Frisée darin etwa 1 Minute vorsichtig schwenken. Von der Kochstelle nehmen, den Zitronensaft untermischen und mit Salz würzen.

Auf einen Servierteller geben, die Zwiebeln darüber verteilen und servieren.

Kibbet batata
Kartoffelpüree mit Kräutern
Für 4–6 Personen

5 Kartoffeln
1 Handvoll glatte Petersilie, grob gehackt
5 Minzeblätter, fein gehackt
1 rote Chilischote, gehackt, nach Belieben
½ TL Salz
Olivenöl zum Servieren
Chilipulver zum Servieren

Die Kartoffeln waschen, schälen und in Stücke schneiden. In Wasser weich kochen. Von der Kochstelle nehmen und abgießen.

Die Kartoffeln durch die Presse drücken. Die Kräuter, den Chili, falls verwendet, und das Salz pürieren und dann alles verrühren.

Zum Servieren das Püree mit Olivenöl beträufeln und mit Chilipulver bestreuen.

Gut zu wissen: Wir essen dieses Gericht meistens zu libanesischem Brot, manchmal aber auch einfach so. Mit viel grünem Salat und Gemüse schmeckt es auch köstlich.

Amheeyeah mit Laben
Joghurt mit Gerste
Für 6 Personen

Traditionell wird dieses Gericht kalt serviert.

440 g Gerste
2 Knoblauchzehen, nach Belieben
1 TL Salz
1 l Naturjoghurt oder Laben (siehe Seite 30)
1 EL getrocknete Minze

Die Gerste und zwei Liter Wasser in einem Topf bei starker Hitze zum Kochen bringen. Die Hitze reduzieren und die Gerste etwa 1½ Stunden köcheln lassen, bis sie weich ist.

Das Getreide von der Kochstelle nehmen, in ein Sieb abgießen, abtropfen lassen und völlig erkalten lassen.

Den Knoblauch, falls verwendet, zusammen mit dem Salz in einem Mörser zerstoßen. Den Joghurt in eine Schüssel geben und den Knoblauch und die getrocknete Minze unterrühren. Die Gerste sorgfältig untermengen. Gekühlt servieren.

♦ Fasten und Feiern

Karfreitag

Meine Erinnerungen an den Karfreitag führen mir immer das Bild meiner Mutter vor Augen, wie sie frühmorgens aufsteht, um *Kibbet il roheb* (siehe Seite 156) zuzubereiten. Während sie hackte und rührte, hörte sie ihre Lieblings-CDs – himmlische Choräle der maronitischen Katholiken – und sang wunderschön mit. Es ist unglaublich, dass ihre Stimme immer noch so kräftig ist, wo sie doch durch eine Operation einen Teil ihrer Stimmbänder verloren hat.

Die Suppe wird am frühen Morgen zubereitet, damit sie nach dem Besuch der Morgenmesse am Karfreitag gegessen werden kann. Als wir noch klein waren, sollte sie uns für das bis zum Mittag dauernde Fasten entschädigen und dafür, dass wir an einer übervollen Messe teilnahmen, die länger dauerte als gewöhnlich.

Jedes Jahr freue ich mich auf den Karfreitag, weil meine Mutter dieses köstliche Gericht zubereitet. Ich liebe es, die leckeren Bulgur-Kürbis-Minze-Klößchen herauszufischen, die zwischen den Bohnen und Kichererbsen schwimmen. Genüsslich beiße ich hinein und genieße jede Sekunde.

In unserer Kindheit spaltete die heilige Suppe uns Geschwister in zwei Lager. Auf der einen Seite waren diejenigen, die diese Suppe den ganzen Tag über schlürfen konnten. Auf der anderen Seite standen meine jüngeren Brüder und Schwestern, die damit drohten, anstatt der Suppe Fleisch zu essen, wo uns doch der Genuss von Fleisch an diesem christlichen Feiertag strikt untersagt war.

Normalerweise verbrachte Citi Leila den Karfreitag bei uns, um von den Feiertagsvorbereitungen in ihrem eigenen Haus zu pausieren. Eines Tages hatte sie genug von den Streitereien unter uns Geschwistern und den Drohungen, wir würden Fleisch essen. Also machte sie sich an die Arbeit und erfand das Gericht für uns neu. Sie hielt sich zwar streng an die traditionellen Zutaten der Mönchssuppe, tat aber vegetarische Klöße und vegetarische Kibbeh-Ovale (siehe Seite 161) hinein. Sie bereitete die Klöße und die Hüllen der Ovale genauso zu wie die Klößchen für die Suppe. Sie wurden lediglich anders gegart – frittiert oder im Ofen gebacken – und bekamen eine andere Form. Die Hüllen werden mit gespaltenen Kichererbsen, Zwiebeln und Spinat gefüllt und mit Kräutern und Gewürzen aromatisiert.

Seit Citi diesen Suppenklassiker neu erfunden hat, gab es am Karfreitag in unserem Haus keine Drohungen mehr, Fleisch zu essen. Meine Lieblingssuppe wurde so abgewandelt, dass sie mittlerweile alle essen. Dabei ist es gleich, ob es sich um die traditionelle Version oder um vegetarische Klöße handelt, die in Labneh, Hummus oder Baba ganoush getunkt und auf einem Büfett mit Blattgemüse aus dem Garten und pikanten Pickles serviert werden.

Samak maglii
Gebratener Fisch
Für 4 Personen

4 Fischfilets oder 4 ganze Fische (Snapper oder Dorade), küchenfertig vorbereitet und geschuppt
Salz, Mehl zum Bestauben
Pflanzenöl zum Braten

Die Fische oder Filets 30 Minuten vor der Zubereitung mit etwas Salz bestreuen und in ein Küchensieb legen.

Den Fisch aus dem Sieb nehmen, trocken tupfen und in Mehl wenden. Die Fische oder Filets braten, bis sie goldbraun und gerade eben gar sind. Das Fleisch sollte sich mit einer Gabel leicht zerteilen lassen.

Samak al salmon ma'a khoodrah
Gebratener Lachs mit Gemüse
Für 4 Personen

2 EL Olivenöl
4 Knoblauchzehen, fein gehackt
1 grüne Paprikaschote, fein gehackt
1 rote Paprikaschote, fein gehackt
4 reife Eiertomaten, gewürfelt
1 kleine rote Chilischote, gehackt
Salz
4 Lachskoteletts
1 EL fein gehacktes Koriandergrün

Die Hälfte des Öls in einer Pfanne bei mittlerer Temperatur erhitzen und den Knoblauch, die Paprika, die Tomaten und den Chili darin einige Minuten anbraten, bis alles anfängt, weich zu werden. Leicht salzen. Das ist die Salsa.

In einer zweiten großen antihaftbeschichteten Bratpfanne das restliche Öl bei hoher Temperatur erhitzen und die Lachskoteletts auf einer Seite scharf anbraten.

Die Hitze reduzieren, die Lachskoteletts wenden und je einen Löffel Paprika-Tomatensalsa daraufgeben. Mit dem Koriandergrün bestreuen und zugedeckt etwa 10 Minuten garen, bis sich der Fisch mit einer Gabel leicht zerteilen lässt.

Siadeeyeah
In Fischbrühe gegarter Reis
Für 4 Personen

Dieses Rezept hat Mutter während der Fastenzeit erfunden. Ich glaube, sie wollte uns dafür entschädigen, dass wir ohne ihre Spezialität, nämlich Reis mit Huhn, auskommen mussten. Fisch und Reis machen dies zu einem sättigenden Gericht.

1 kg Snapper, küchenfertig vorbereitet und geschuppt
2 EL Olivenöl, plus etwas Olivenöl zum Bestreichen
Salz
1 Zitrone, in schmale Spalten geschnitten
440 g Mittelkornreis (Risottoreis)
¼ TL gemahlener Zimt
150 g Pinienkerne
40 g blanchierte Mandeln, halbiert
Brühe
2 TL Olivenöl
1 Zwiebel, geviertelt
500 g Kopf und Gräten vom Snapper
1 Zimtstange
1 Lorbeerblatt
1 TL Salz

Für die Brühe das Öl bei niedriger Temperatur in einer Pfanne erhitzen und die Zwiebel darin weich und glasig schwitzen. Die Fischköpfe und -gräten, die Zimtstange, das Lorbeerblatt, das Salz und 1,5 Liter heißes Wasser dazugeben. Bei starker Hitze aufkochen und dann bei reduzierter Hitze zugedeckt etwa 40 Minuten köcheln lassen. Die Brühe durch ein Sieb gießen, das über einer Schüssel steht. Möglichst viel Flüssigkeit aus den Fischköpfen und Gräten drücken, dann die festen Bestandteile wegwerfen.

Den Ofen auf 150 °C vorheizen. Ein Backblech mit einem großen Stück Backpapier oder Alufolie auslegen. Die Snapper mit etwas Öl einpinseln und auf das Backblech legen. Etwas Salz über die Fische streuen, die Zitronenstücke in die Bauchhöhlen stecken und darauflegen. Die Fische in Folie oder Backpapier wickeln und 25–30 Minuten backen, bis sich das Fleisch beim Hineinstechen leicht zerteilen lässt. Aus dem Ofen nehmen und so weit abkühlen lassen, dass sie angefasst werden können. Die Gräten und die Haut entfernen und wegwerfen. Die Filets beiseitestellen.

Die beiden Esslöffel Öl in einem Topf bei niedriger Temperatur erhitzen, dann den Reis und den Zimt hineingeben. Einen Liter Brühe dazugießen und bei starker Hitze zum Kochen bringen. Dann die Wärmezufuhr verringern und die Brühe zugedeckt 15 Minuten köcheln lassen.

In der Zwischenzeit die Pinienkerne und Mandeln in einer Pfanne ohne Fett goldbraun rösten.

Dieses Gericht wird normalerweise auf einem großen ovalen Servierteller gereicht: den Reis auf den Teller häufen und danach glatt streichen. Die Fischfilets darauflegen und die Pinienkerne und Mandeln darüberstreuen.

♦ Fasten und Feiern

Sumkeh harra
Chilifisch
Für 4–6 Personen

Während des Winters bereitet Citi dieses Gericht sehr gerne auf ihrem schmiedeeisernen Holzofen zu. Eigentlich brennt das Feuer während der kalten Jahreszeit ständig. Der Ofen dient ihr zum Warmhalten und Garen der meisten Gerichte. Sie können einen großen oder zwei kleinere Fische verwenden. Nehmen Sie Dorade, Snapper oder Red Snapper, die küchenfertig vorbereitet und geschuppt sein sollten. Sie können auch Fischfilet verwenden.

1–2 Doraden, Red Snapper oder Snapper (2 kg) oder 1 kg Fischfilets
2 TL Salz, plus Salz zum Bestreuen
Olivenöl zum Einpinseln
1 Zitrone, in dünne Scheiben geschnitten
550 g Tahin
185 ml Zitronensaft
1¼ EL Olivenöl
6 Knoblauchzehen, zerquetscht
1 Handvoll Koriandergrün, grob gehackt
2 lange rote Chilischoten, von den Samen befreit und grob gehackt, oder 1 TL Chilipulver
150 g Pinienkerne, geröstet
Zitronenspalten zum Garnieren, nach Belieben

Für den ganzen Fisch den Ofen auf 220 °C vorheizen. Den Fisch mit Salz bestreuen und 10 Minuten stehen lassen. Dann abtupfen, mit Öl einpinseln und die Zitronenscheiben in der Bauchhöhle platzieren. Den Fisch in Backpapier oder Alufolie wickeln und diese fest verschließen; 40 Minuten im Ofen garen. Sein Fleisch sollte dann weiß und saftig und seine blättrige Struktur gut zu erkennen sein. Sollte dies nicht der Fall sein, den Fisch weitere 10 Minuten im Ofen garen.

Bei Verwendung von Fischfilets den Ofen auf 150 °C vorheizen. Die Fischfilets mit etwas Öl einpinseln und ein wenig Salz darüberstreuen. Die Zitronenscheiben auf die Filets legen, diese in Alufolie oder Backpapier wickeln und etwa 20 Minuten backen, bis das Fleisch weiß ist und sich problemlos in Segmente teilen lässt.

In der Zwischenzeit das Tahin, einen Teelöffel Salz und die Hälfte des Zitronensafts im Mixer mischen. Den Rest des Zitronensafts dazugießen und untermengen. Bei laufendem Motor bis zu 500 Milliliter Wasser hinzufügen – die Sauce sollte am Ende leicht flüssig sein. In eine Schüssel löffeln, dann den Mixer reinigen.

Den Knoblauch, das Koriandergrün, den Chili, falls verwendet, und den zweiten Teelöffel Salz im Mixer hacken. In einer Antihaftpfanne das Öl bei schwacher Hitze erwärmen und die Mischung 5 Minuten darin garen. Die Tahinsauce langsam und unter Rühren dazugießen. Unter Rühren aufkochen lassen. Falls Chilipulver verwendet wird, dieses jetzt dazugeben.

Vorsichtig die Flüssigkeit von dem Fisch abgießen und die Zitronenscheiben aus den Bauchhöhlen entfernen. Den Fisch auf einen Servierteller legen, der so breit und hoch ist, dass der Fisch darauf Platz findet und mit der Sauce übergossen werden kann. Die Sauce über den Fisch gießen. Mit Pinienkernen garnieren und mit Zitronenspalten servieren.

5
Citi Leila
Alles fürs große Büfett

Lernen und leben mit Citi Leila

*»Mutters Tür steht der ganzen Familie offen.
Ganz gleich, wie es mir geht,
sobald ich dort bin, fühle ich mich gut.«*
Tante Rosa

Seit jeher trifft sich unsere Familie bei Feiern in Citis einstöckigem Haus im Stadtteil Dulwich Hill von Sydney – die meisten bedeutenden Ereignisse in unserem Leben haben wir dort gefeiert. Früher nannten wir es Gidi und Citis Haus, aber nachdem Gidi im Jahr 2002 verstarb, bezeichnen wir es nur noch als Citis Haus. Mit großem Aufwand wurde aus ihm ein »Drehkreuz der Geborgenheit«, das auf alle Familienmitglieder anziehend wirkt. In Citis Haus rückten wir stets näher zusammen.

Hier feiern Citis Kinder und Enkelkinder ihre traditionellen Feste und grillen an unzähligen Wochenenden im Garten. Ihre Tür steht jedem von uns offen. So fand auch Tante Rosas Hochzeitsfeier im Garten statt, es kamen mehr als 300 Gäste. Tante Thereses Verlobungsparty wurde praktisch in der Küche gefeiert. Schon beim Betreten des Hauses spürt man die Liebe, die einem entgegengebracht wird. Darauf reagieren wir mit Wärme und Großzügigkeit. In diesem Haus sind meine Tanten und Onkel aufgewachsen und haben auch ihre Kinder aufwachsen sehen.

Gidi hatte sich vorgenommen, seiner Familie ein besseres Leben bieten zu können. Das hieß aber auch, dass er zehn Jahre lang von Citi und seinen Kindern getrennt leben musste. Als er dann schließlich Frau und Kinder aus dem Libanon nach Australien geholt hatte und sie alle gemeinsam in ihrem neuen Haus lebten, wurde ihm bewusst, dass er sich während dieser Zeit von seinen Kindern entfremdet hatte. Er bemühte sich intensiv darum, die Nähe zu seinen Kindern wieder herzustellen, um nicht mehr ein Fremder in seiner eigenen Familie zu sein.

Das Zusammenleben unter einem Dach nach zehn Jahren der Trennung stellte für Gidi und seine Kinder eine Herausforderung dar. »Sie waren ihrem Vater gegenüber extrem zurückhaltend«, erklärt Citi. »Sie betrachteten diesen Mann als einen Fremden, und obwohl sie wussten, was das Wort Vater bedeutete, waren sie nicht daran gewöhnt, dass er bei ihnen wohnte.« Meine Onkel und Tanten waren noch sehr klein, als Gidi fortgegangen war, und einige konnten sich kaum noch an ihn erinnern. »Es dauerte eine ganze Weile, bis sie wieder eine Beziehung zu ihm aufgebaut hatten. Die Kinder glaubten, sie müssten ihrem Vater gegenüber höflich und zurückhaltend sein.« Citi erinnert sich noch daran, dass die Kinder sie oder ihre ältere Schwester Joumana ständig um Erlaubnis fragten, auch wenn sie nur einfache Dinge wie ein Glas Wasser oder ein Stück Obst haben wollten. Immer wieder fragten sie Citi: »Wann geht dieser Mann zu sich nach Hause? Wann gehen wir wieder nach Hause? Sie antwortete dann stets: »Er ist euer Vater; dies ist unser Haus und wir leben jetzt alle zusammen hier.«

Gidi tat sein Bestes, die Situation zum Besseren zu wenden. Wenn die Kinder nach der Schule nach Hause kamen und ihre Mutter nicht sofort antrafen, riefen sie: »Ist Mutter da?« Dann suchten sie im gesamten Haus alle Räume nach ihr ab und fragten: »Mutter, wo bist du?« Dann antwortete Gidi. »Ich bin da. Euer Vater ist da.« Gidi fragte sich oft, ob die lange Zeit der Trennung von seiner Familie und die Mühen, die er auf sich genommen hatte, all das wert gewesen waren. Citi erklärt »Er hat allen und jedem erzählt, dass niemand weggehen und seine Familie verlassen solle, wie er es getan hatte, egal wie arm man auch sei.« Gidi versuchte bei jeder Gelegenheit, die Wichtigkeit der Familie zu betonen. Citi sagt oft, dass er mahnte: »Es kann euch egal sein, was ihr zu essen und trinken habt, solange ihr nur eine Familie habt. Verbringt keine Minute ohne sie.«

Über dreihundert Gäste speisten und tanzten in einem riesigen weißen Festzelt, das zu Tante Rosas Hochzeit 1981 im Garten aufgestellt worden war. Ursprünglich reichte das Grundstück bis zur nächsten Häuserreihe, dann baute Onkel Joe auf der Hälfte des Grundstücks sein zweistöckiges Backsteinhaus. Das Zelt war mit Blumen geschmückt, es standen jede Menge angemietete Tische und Stühle darin und es gab genügend Geschirr, um alle Gäste bei dieser Feier bewirten zu können. Fast alle Leute aus Becharee, die in Sydney lebten, wurden als »Verwandte« angesehen und waren deshalb auch eingeladen.

Die eng miteinander verbundenen Gemeinschaft unterstützte sich gegenseitig. Auf diesen Tag arbeiteten alle gemeinsam hin, und das sah dann so aus, dass man alle Vorbereitungen gemeinsam traf, zusammen kochte und schließlich miteinander feierte. »Ehe ich mich versah, stand jeden Tag eine ganze Armada von Leuten vor meiner Tür«, erklärt Citi. »Vom ersten Tag an hatte ich sehr viel Freude, wenn ich sah, wie viel Einsatz und Engagement sie bei den Vorbereitungen zu einem solchen Fest zeigten.« Die Männer übernahmen den Aufbau, einige von ihnen teilten sich die Aufgabe, bis zu sechs Grills zu überwachen, auf denen an diesem Tag das Fleisch zubereitet wurde. Die Frauen verbrachten die Woche vor der Hochzeit in Citis Küche und halfen bei der Zubereitung traditioneller Gerichte aus dem Libanon. Man hielt zusammen und unterstützte sich, füllte Hunderte *sambuskeh* (siehe Seite 197), rollte Tausende Weinblätter (siehe Seite 199) und marinierte kiloweise Fleisch. Drei Lämmer, *ouze* genannt, denen das Fell abgezogen und die Köpfe abgeschnitten worden waren, waren gekauft und mit Fleisch, Reis, Kräutern und Gewürzen gefüllt worden. Danach nähte man sie zu und brachte sie in die nahe gelegene Bäckerei, denn nur dort gab es einen Backofen, der groß genug war, um komplette Tiere zu braten. Citi hat mir gegenüber immer betont: »Wir zeigen unsere Lebenslust durch das Kochen, und nicht nur, indem wir zusammen essen, sondern indem wir es zusammen zubereiten.«

Nach der Zeremonie wurden Tante Rosa und ihr Ehemann Tony vor der Kirche mit Reiskörnern und Rosenblättern beworfen. Einige der Frauen drückten ihre Freude über diese alte Tradition durch den *zhagareet* aus. Dabei handelt es sich um einen schallenden hohen Trillerton, der entsteht, wenn man die Zunge schnell gegen den Gaumen vibrieren lässt. Hände wurden in die Höhe gehoben und von einer Seite zur anderen geschwungen, Finger schnippten im Takt der Trommeln, Füße begannen, unseren Volkstanz *dabkeh* zu tanzen. Nachdem die Formalitäten erledigt waren, war es an der Zeit, zu feiern. Tabletts voller libanesischer Süßigkeiten, Schokolade und Mandeln im Zuckermantel, die in weiße Spitzenstoffe eingehüllt und mit Bändern verschnürt waren, wurden vor der Kirche unter den tanzenden Gästen herumgereicht. Im Garten fand später ein Festschmaus statt und es wurde bis Mitternacht getanzt.

Am Tag ihrer Verlobung bot Tante Therese das Inbild der Eleganz. Sie trug eine Seidenbluse in Grün und Beige, die ordentlich in einen engen Rock mit hohem Bund gesteckt war. Die stolzen Eltern waren entzückt, dass ihre Tochter, die Jüngste von vier Schwestern (die drei älteren waren bereits verheiratet), sich zu diesem Schritt entschlossen hatte. Citi erklärt, dass »der Tradition gemäß die Eltern der Braut die Verlobungsparty in ihrem Haus ausrichten«. Unbeeindruckt von dem Aufwand, den ein Fest dieser Größe erforderte, meint sie: »Wir mussten nur etwas über 70 Gäste, Erwachsene wie Kinder, bewirten. Wir hatten bis dahin schon größere Partys im Haus gehabt. Das war nur eine kleine Feier.« Als sich die Erwachsenen zur offiziellen Verlobung versammelt hatten, bei der Tante Therese den Ring an den Finger gesteckt bekam, wurden im Wohnzimmer libanesischer Kaffee und ein kleiner Imbiss gereicht. »Das war der nervenaufreibendste Augenblick für mich«, gibt Citi zu. »Ich wusste nicht, wie ich mich verhalten sollte. Die Angehörigen beider Familien trafen zum ersten Mal in meinem nicht allzu großen Wohnzimmer aufeinander.« Sie war aber nicht nur deswegen nervös. »David tat mir leid, er stand in einem Zimmer voller Gäste. Einigen war er ein paar Augenblicke zuvor zum ersten Mal begegnet«, lacht sie. »Aber er ignorierte die kritischen Blicke, die ihm einige von Thereses Onkeln zuwarfen, und steckte ihr in aller Ruhe den Ring an den Finger.« Tante Therese und ihr Verlobter David bekamen von den jeweiligen Eltern Schmuck umgehängt, den diese ihnen schenkten. Danach legten Citi und Gidi vor den Augen aller Gäste David eine goldene Halskette sowie ein Armband um und zeigten damit, dass er von nun an ein Familienmitglied war. Im Gegenzug schmückten die Eltern von David Tante Therese mit Gold und Edelsteinen.

Danach war es an der Zeit zum Feiern. Das Festmahl fand in der angrenzenden Küche, dem Esszimmer und dem Fernsehzimmer statt. Alle drei Zimmer konnten zu einem offenen Bereich umgestaltet werden. Die Möbel wurden herausgetragen und so Platz geschaffen für mit weißen Tischtüchern gedeckte Tische. Diese bildeten aneinandergereiht über alle drei Räume hinweg die Form des Buchstabens L. Wir alle fanden bequem Platz und bedienten uns von Tabletts voller Essen, die von Citi und ihren Töchtern zubereitet worden waren.

Aber Citis Haus ist nicht nur der Ort, an dem Festlichkeiten stattfinden, sondern auch der Platz, an dem die meisten ihrer Kinder und Enkel Zuflucht suchen oder an den sie sich zurückziehen, wenn es ihnen nicht gut geht. Jede von uns ist schon nach einem Streit in den frühen Morgenstunden von daheim ausgerissen und ist zu ihr geflüchtet. Wenn wir dreimal an ihr Schlafzimmerfenster klopfen, schält sie sich meist aus dem Bett und schließt die Tür auf. Ehe man sich versieht, hat sie einen ins Bett gepackt. Wohlig sinken wir auf eine ihrer unglaublich bequemen Matratzen und kuscheln uns in ihre selbst genähten Bettdecken ein. Solange uns nichts passiert war, waren unsere Geheimnisse gut bei ihr aufgehoben. Citis Tür steht jedem von uns offen und sie sieht immer wieder zu, dass das auch so bleibt. Einmal habe ich mit ihr gestritten. Es ging um die quietschbunten Baumwollbezüge, die sie zum Schutz ihrer Sofas genäht hatte. In meinen Augen handelt es sich um Scheußlichkeiten, die nur von Plastikschonern überboten werden. Für sie sind sie jedoch eine Möglichkeit, ihren Kindern und Enkeln erlauben zu können, auf ihren geliebten Sofas zu sitzen, zu schlafen oder zu essen. »Ich will, dass du es bequem hast«, meint Citi immer. »Darum lege ich den Stoff darüber. Wenn ich möchte, dass es in meinem Haus hübsch aussieht, dann kann ich sie ja wieder herunternehmen.« Was kann man dagegen noch sagen?

»Citis Haus bietet uns Geborgenheit. Bei ihr fühle ich mich behütet und spüre, dass ich dorthin gehöre. Ich bin dem Haus sehr verbunden. Wenn es mir schlecht ging, packte ich die Familie ein und ging zu Mutter. Sie konnte einen fantastisch umsorgen.« Tante Therese

»Citis Haus ist einer meiner Lieblingsorte; immer wenn ich dort ankomme, fühle ich mich, als ob ich wieder vierzehn wäre. So alt wie damals, als ich zu meinem Vater gezogen bin.« Meine Mutter Joumana

Shawarabat kishk

Kishk-Suppe

Für 4 Personen

Das hier ist eine richtige Wintersuppe. Wir essen sie meist zum Frühstück und bröseln knuspriges libanesisches Brot hinein.

25 g Butter
1 Zwiebel, fein gehackt
1 Knoblauchzehe, fein gehackt
250 g gehacktes Lamm- oder Rindfleisch, nach Belieben
130 g fertiges Kishk-Granulat (siehe »Gut zu wissen«)
Libanesisches Brot zum Servieren

Eine Pfanne mit hohem Rand bei niedriger Temperatur erhitzen und die Butter darin zerlassen. Die Zwiebel und den Knoblauch darin garen, bis sie weich sind. Falls Fleisch verwendet wird, den Herd jetzt auf mittlere bis hohe Temperatur stellen, das Fleisch in die Pfanne geben und unter gelegentlichem Rühren braun braten.

Das Kishk-Granulat und einen Liter Wasser dazugeben, aufkochen und 10 Minuten kochen lassen, gelegentlich umrühren. Darauf achten, dass sich alle Klumpen aufgelöst haben. Die Kishksuppe sollte dünn und cremig sein.

Die Suppe kann mit einfachem oder mit geröstetem Brot gegessen werden. Zum Rösten das Brot kurz unter den heißen Backofengrill legen. Das geröstete Brot kann nach dem Servieren in die Suppe gebröselt oder in die Suppe getunkt werden.

Gut zu wissen: Bei Kishk handelt es sich um getrocknetes Joghurtgranulat, das man im libanesischen Lebensmittelgeschäft kaufen kann.

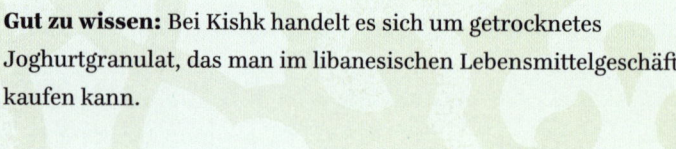

Die Zubereitung von Kishk

An den heißesten Sommertagen des Jahres beschäftigt sich Citi Leila mit der mühsamen Zubereitung des Kishk und teilt ihn dann auf die Familie auf – und das so lange ich zurückdenken kann.

Dabei handelt es sich um selbst gemachten, fermentierten Joghurt (Laben, siehe Seite 30), der mit Bulgur vermischt wird. Nachdem der Laben der heißen Sonne ausgesetzt wurde, wird er mit Bulgur zu feinem Granulat zerrieben, erneut getrocknet und gelagert. Wir bereiten eine wohlschmeckende, sämige, wärmende Wintersuppe daraus zu (siehe Seite 188). Normalerweise wird frisches oder getoastetes libanesisches Brot in die Suppenteller gebröselt, aber in der Suppe werden auch mit Fleisch gefüllte Kibbab-Klößchen gegart (siehe Seite 125) – auch eine Leibspeise der Familie. Beide Gerichte werden normalerweise zum Frühstück serviert, mit ihnen kann man die kalten Winter gut überstehen.

In der Woche, in der Kishk zubereitet wird, ist Citis Garten im Prinzip zu einer Fabrik umfunktioniert. Citi erledigt an den ersten Tagen die Vorbereitungen und das Fermentieren gerne alleine. Danach trommelt sie die Familie zusammen, um den Kishk fertigzustellen.

Für Citi beginnt die Unternehmung damit, dass sie viele Liter Milch und Gefäße voller Joghurt in einen ihrer riesigen Kochtöpfe gießt und diese kocht. Den Laben hängt sie dann in Säcken aus Baumwoll- oder Musselintüchern an der frischen Luft auf, bis alle Flüs-

sigkeit abgetropft und eine weiche Masse übrig geblieben ist.

Am vierten Tag werden weiße Baumwolltücher auf den Betonplatten in ihrem Hof ausgebreitet. Dazwischen bleiben schmale Pfade frei, entlang deren wir uns auf Zehenspitzen bewegen. Die noch feuchte Masse wird auf den Tüchern verteilt, wo sie ein paar Stunden lang trocknet. Danach kommen unsere Hände zum Einsatz. Wir sehen diesen Tagen immer mit sehr großer Freude entgegen, trotz der schweren Arbeit, die vor uns liegt, und obwohl uns der strenge, durchdringende Geruch des Kishk umgibt. In Haus und Garten, wo wir uns verteilt haben und uns auf das Kneten vorbereiten oder schon damit angefangen haben, herrscht eine jugendliche Unbeschwertheit.

Um unsere Köpfe haben wir Schals oder andere Stoffe geschlungen, die Citi zusammengenäht hat, um unsere Haut vor den sengenden Strahlen der Sommersonne zu schützen. Stundenlang reden und kichern wir, dabei reiben wir den Kishk zusammen mit Bulgur fest mit unseren Fäusten gegen die Baumwolltücher auf dem Beton und stellen so feines Granulat her.

Während der restlichen Woche lässt Citi das Granulat in der Sonne trocknen und wendet es ab und zu, damit ihm sämtliche Feuchtigkeit entzogen wird. Nach getaner Arbeit bekommt jede Familie ihren Anteil vom Kishk. Dieser wird auf hohe Gläser aufgeteilt, die wiederum sorgfältig gelagert werden und darauf warten, dass der Winter kommt und ihr Inhalt zu einer Suppe verarbeitet wird.

Meeshee selh
Vegetarische Mangoldrollen
Für 6–8 Personen

1 kg Mangold
1–2 Tomaten, in Scheiben geschnitten
Zitronenspalten zum Servieren, nach Belieben

Füllung
100 g Mittelkornreis (Risottoreis)
2 Zwiebeln, fein gehackt
1 kleine Handvoll glatte Petersilie, fein gehackt, die Stängel beiseitelegen
3 Eiertomaten, gewürfelt, den Saft auffangen und beiseitestellen
1 EL Minze, fein gehackt
¾ TL Salz
½ TL gemahlener Kreuzkümmel
⅛ TL fein gemahlener schwarzer Pfeffer
½ lange rote Chilischote, gehackt oder ⅛ TL Chilipulver
2 EL Olivenöl

Den Mangold waschen, die weißen Stängel entfernen und in kleine Stücke schneiden. Für die spätere Verwendung beiseitestellen. Die Blätter in kochendem Wasser blanchieren, bis sie so weich sind, dass sie gerollt werden können. In ein Sieb abgießen. Jedes Blatt mit der strukturierten Seite nach unten auf die Arbeitsplatte legen und mit einem Messer quer halbieren.

Für die Füllung den Reis 5 Minuten in heißem Wasser einweichen. In ein Sieb abgießen und abspülen. Alle Zutaten für die Füllung mit den Mangoldstielen in einem Sieb mischen, das über einer Schüssel steht. Die aufgefangene Flüssigkeit dient zum Garen der Mangoldrollen.

Die Tomatenscheiben auf den Boden eines großen Topfs legen, danach die beiseitegelegten Petersilienstängel darauf verteilen.

Ein halbes Mangoldblatt mit der strukturierten Seite nach oben auf die Arbeitsfläche legen. Einen Esslöffel von der Füllung mittig daraufgeben. Die Ränder von den Schmalseiten darüberschlagen und das Blatt von der Längsseite her fest zusammenrollen, dann in den Topf legen. Mit den restlichen Blättern und der Füllung wiederholen. Die Rollen Schicht um Schicht fest aneinanderlegen.

Die aufgefangene Flüssigkeit mit Wasser auf 250 Milliliter ergänzen. Über die Rollen gießen und mit etwas Salz würzen. Einen Teller verkehrt herum auf die Rollen legen, damit sie nicht verrutschen. Bei starker Hitze aufkochen lassen. Dann den Deckel auflegen und die Rollen bei schwacher Hitze 1½ Stunden köcheln lassen.

Nach Belieben mit Zitronenspalten servieren. Die Rollen können warm oder kalt verzehrt werden. Sie schmecken köstlich mit Laben (siehe Seite 30), Labneh (siehe Seite 31) oder Chilisauce.

Kusa ma'a waraq inab
Gefüllte Zucchini mit Lammkoteletts und Weinblättern
Für 8 Personen

Mutter hat dieses Rezept von den libanesischen Frauen aus der Gemeinde übernommen, als sie nach Australien kam, um ihren Vater zu pflegen und brachte es der restlichen Familie bei.

500 g eingelegte oder 100 g frische Weinblätter
1 kg (etwa 18) kleine (hellgrüne) Zucchini
Butter zum Braten
3 Eiertomaten, in Scheiben geschnitten
1 kg Lammkoteletts
3 rote oder grüne Paprikaschoten, in Scheiben geschnitten
Salz

Füllung
220 g Mittelkornreis (Risottoreis)
2 Zwiebeln, fein gehackt
500 g reife Eiertomaten, gehackt, den Saft auffangen und beiseitestellen
1 Handvoll gehackte Minze
15 g Butter
500 g gehacktes Lammfleisch
Salz
¼ TL Chilipulver, nach Wunsch
¼ TL gemahlener Zimt
¼ TL gemahlener Kreuzkümmel
¼ TL fein gemahlener schwarzer Pfeffer

Die eingelegten Weinblätter abspülen. Frische Blätter in heißem Wasser blanchieren, bis sie weich und dunkelgrün sind. Aus dem Wasser nehmen und die Stängel abschneiden.

Für die Füllung den Reis 5 Minuten in heißem Wasser einweichen. In ein Sieb abgießen und abspülen. Das Sieb über eine Schüssel stellen und die Zwiebeln, die Tomaten und deren Saft sowie die Minze dazugeben. Die Flüssigkeit auffangen.

In einem Topf die Butter bei hoher Temperatur zerlassen und das Hackfleisch darin unter Rühren braten, bis es krümelig und gar ist; salzen und abkühlen lassen. Dann die Reismischung, das Chilipulver, falls verwendet, und die Gewürze dazugeben. Gut vermengen.

Die Zucchini waschen und die Enden abschneiden. Mit einem Zucchinilöffel *(manerah)* das Fruchtfleisch von einem oberen Ende her herausschaben, bis die Zucchini wie Rohre sind. Vorsichtig arbeiten, denn schnell hat man ein Loch in die Zucchini gebohrt. Die Füllung in die Zucchini stopfen und bedenken, dass diese aufquillt. Um zu überprüfen, ob nicht zu viel Füllung in der Zucchini ist, steckt meine Mutter ihren Zeigefinger in die Frucht. Der Leerraum sollte von der Fingerspitze bis zum ersten Fingerglied reichen.

Jedes Weinblatt mit der glatten Seite nach unten ausbreiten. Mittig darauf einen Esslöffel Füllung geben. Erst den linken und den rechten Blattrand über die Füllung schlagen, dann das Blatt vom Stielansatz her fest aufrollen.

In einer Pfanne etwas Butter zerlassen und die gefüllten Weinblätter darin beidseitig braun braten. Die Tomatenscheiben, die Koteletts, die Paprika, die Weinblätter und die Zucchini lagenweise in eine große Pfanne schichten; mit je einer Schicht Paprika und Tomaten abschließen. Die aufgefangene Flüssigkeit von der Füllung mit Wasser auf 500 Milliliter ergänzen. In die Pfanne gießen und salzen. Einen Teller verkehrt herum auf die Schichten legen, damit sie nicht verrutschen können. Alles bei hoher Temperatur aufkochen lassen und dann zugedeckt bei schwacher Hitze 1½ Stunden garen.

Sambuskeh
Hackfleischpäckchen mit Pinienkernen
Ergibt 35 Stück

Pflanzenöl zum Frittieren

Füllung
3 TL Pflanzenöl
1 Zwiebel, fein gehackt
350 g Hackfleisch vom Lamm oder Rind
½ TL Salz
½ TL Baharat-Gewürzmischung meiner Familie (siehe Seite 22)
40 g Pinienkerne

Teig
500 g Mehl
3 EL Pflanzenöl
125 ml Bier
2 TL Zucker
1 TL Salz

Für die Füllung das Öl in einer Pfanne bei mittlerer Temperatur erhitzen und die Zwiebel darin weich und glasig schwitzen; in eine Schüssel geben. Das Fleisch in der Pfanne braun braten, eventuell noch etwas Öl hinzufügen, und das Salz sowie die Baharat-Gewürzmischung darüberstreuen. Unter die Zwiebel mengen.

Die Pinienkerne in einer Pfanne ohne Fett goldbraun rösten, dann unter das Fleisch mengen. Die Mischung vollständig erkalten lassen.

Sämtliche Zutaten für den Teig mit 125 Milliliter lauwarmem Wasser in einer großen Schüssel verkneten und dann in eine mit Mehl bestaubte Schüssel geben. Mit einem feuchten Tuch zugedeckt 30 Minuten ruhen lassen.

Eine Arbeitsfläche mit Mehl bestauben. Den Teig vierteln. Jeweils eine Portion mit dem Nudelholz etwa drei Millimeter dick ausrollen. Kreisscheiben mit einem Durchmesser von etwa sieben Zentimeter ausschneiden – eine Tasse, eine Schale oder ein Teigrad eignen sich dazu.

1½ Teelöffel der Füllung mittig auf jeden Taler geben und den Teig zu einem Halbmond zusammenfalten. Die Halbmond-Taschen versiegeln. Hierzu die Ränder fest mit den Fingern zusammendrücken und dann etwas aufrollen oder mit den Zacken einer Gabel eindrücken, damit ein gewellter Rand entsteht.

Das Öl in einem Topf auf 180 °C erhitzen und die Päckchen portionsweise etwa 4 Minuten backen; nach etwa 2 Minuten wenden, wenn die erste Seite goldbraun ist. Auf Küchenpapier abtropfen lassen und servieren. Die Taschen schmecken gut zu Hummus (siehe Seite 38), Baba ganoush (siehe Seite 39) oder Labneh (siehe Seite 31).

Gut zu wissen: Die rohen Teigtaschen können auf mit Backpapier ausgelegten Blechen eingefroren werden, sie sollten sich nicht berühren. Tiefgekühlte Sambuskeh vor dem Backen nur kurz antauen, weil ansonsten der Teil klebrig wird und reißt.

Coosa bi laben
Gefüllte Zucchini in Joghurtsuppe
Für 10–12 Personen

Dieses Rezept für gefüllte Zucchini ähnelt dem vorherigen, allerdings enthält diese Füllung Pinienkerne.

Füllung
1 EL Pflanzenöl
115 g Pinienkerne
110 g Mittelkornreis (Risottoreis)
2 Zwiebeln, fein gehackt
15 g Butter
500 g gehacktes Lamm- oder Rindfleisch, ohne Fett
Salz
¼ TL gemahlener Zimt
¼ TL gemahlener Kreuzkümmel
¼ TL fein gemahlener schwarzer Pfeffer

1 kg (etwa 18) kleine (hellgrüne) Zucchini
4 Knoblauchzehen
½ TL getrocknete Minze
1½ TL Salz
1,5 l Naturjoghurt oder selbst gemachter Laben (siehe Seite 32)
1 Ei
1 TL Speisestärke

Für die Füllung das Öl in einer Pfanne bei mittlerer Temperatur erhitzen und die Pinienkerne unter ständigem Rühren darin goldbraun braten. Beiseitestellen.

Den Reis etwa 5 Minuten in heißem Wasser einweichen. In ein Sieb abgießen und abspülen. Den Reis, die Zwiebeln und die Pinienkerne in eine Schüssel geben und beiseitestellen.

Die Butter in einem Topf bei starker Hitze zerlassen und das Fleisch darin unter Rühren braten, bis es bröselig und gar ist. Salzen und abkühlen lassen. Dann mit dem Zimt, dem Kreuzkümmel und dem Pfeffer unter die Reismischung mengen.

Die Zucchini waschen und die Enden abschneiden. Mit einem Zucchinilöffel *(manerah)* von einem oberen Ende her das Fruchtfleisch herausschaben, bis die Zucchini wie ein Rohr ist. Konzentriert arbeiten, denn schnell ist ein Loch in die Zucchiniwand gebohrt. Die Zucchini und das Salz in eine Schüssel geben und mit kaltem Wasser bedecken. 5 Minuten stehen lassen, dann abgießen.

Die Füllung in die Zucchini stopfen, dabei bedenken, dass sie während des Garens quillt. Um zu überprüfen, ob genügend Platz dafür vorhanden ist, steckt meine Mutter ihren Zeigefinger in die Zucchini. Er sollte bis zum ersten Fingergelenk hineinpassen.

Drei Liter Wasser Wasser in einem Topf zum Kochen bringen. Die Zucchini hineinlegen und 30 Minuten lang kochen lassen.

Den Knoblauch, die Minze und etwas Salz im Mörser fein zerstoßen. Mit einem Handrührgerät den Joghurt, das Ei, die Stärke und das restliche Salz zu einer flüssigen Masse verrühren. Die Knoblauchpaste in den Topf mit den Zucchini und dem Wasser geben und 5 Minuten unter Rühren kochen lassen. Den Joghurt unter ständigem Rühren hinzufügen. Die Suppe noch einmal aufkochen lassen und servieren. Reste im offenen Topf vollständig abkühlen lassen und dann luftdicht verschlossen im Kühlschrank aufbewahren.

Waraq inab
Gefüllte Weinblätter
Für 6–8 Personen

500 g eingelegte oder 100 g frische
  Weinblätter
1–2 Tomaten, in Scheiben geschnitten

Füllung
220 g Mittelkornreis (Rundkornreis)
2 EL Minze, fein gehackt
½ Bund glatte Petersilie, fein gehackt,
  die Stängel beiseitelegen
1 kg reife Eiertomaten, klein gewürfelt,
  den Saft auffangen und beiseitestellen
4 Zwiebeln, fein gehackt
2 TL Salz
¼ TL Chilipulver
1 TL gemahlener Kreuzkümmel
1 TL fein gemahlener schwarzer Pfeffer
Saft von 2 Zitronen
4 EL Olivenöl

Bei der Verwendung von eingelegten Blättern diese zunächst abspülen. Frische Blätter in heißem Wasser blanchieren, bis sie weich und dunkelgrün sind. Aus dem Wasser nehmen und die Stängel abschneiden.

Für die Füllung den Reis 5 Minuten in heißem Wasser einweichen. In ein Sieb abgießen und abspülen. Das Sieb in eine Schüssel stellen und die anderen Zutaten ebenfalls hineingeben. In der aufgefangenen Flüssigkeit werden später die gefüllten Weinblätter gegart.

Einen Topfboden mit den Tomatenscheiben und den Petersilienstängeln auslegen.

Jedes Weinblatt mit der glatten Seite nach unten auf der Arbeitsfläche ausbreiten. Je nach Größe des Blattes etwa einen Esslöffel Füllung an den unteren Rand geben. Erst den linken und den rechten Rand über die Füllung schlagen, dann das Blatt vom Stielansatz aus fest zusammenrollen. Die Röllchen eng neben- und aufeinander in den Topf legen.

Die von der Füllung aufgefangene Flüssigkeit mit Wasser auf insgesamt 500 Milliliter ergänzen. Über die Röllchen gießen und leicht salzen. Einen Teller verkehrt herum auf die Weinblätter legen, damit sie nicht verrutschen. Bei hoher Temperatur zum Kochen bringen. Dann auf schwache Hitze schalten und den Deckel auf den Topf legen. Die Weinblätter 1½ Stunden köcheln lassen. Sie können warm oder am folgenden Tag auch kalt serviert werden.

Meeshee malfouf bi lahem
Kohlrollen mit Fleischfüllung
Für 6–8 Personen

1 großer Kopf Weißkohl
1–2 große Tomaten, in Scheiben geschnitten
Zitronenspalten zum Servieren, nach Belieben

Füllung
440 g Mittelkornreis (Risottoreis)
80 g Butter
500 g gehacktes Lamm- oder Rindfleisch
Salz
3 Zwiebeln, fein gehackt
2 EL gehackte frische Minze oder
 1 TL getrocknete Minze
6 Knoblauchzehen, zerquetscht
2 TL gemahlener Zimt
2 TL fein gemahlener schwarzer Pfeffer
½ lange rote Chilischote oder
 ⅛ TL Chilipulver

Vom Weißkohl vorsichtig die Blätter ablösen, sie sollen ganz bleiben. Die Blätter in einen großen Topf mit kochendem Wasser geben und kochen, bis sie weich genug zum Rollen sind. In ein Sieb abgießen und abtropfen lassen. Den harten weißen Strunk der Blätter herausschneiden und zur späteren Verwendung aufbewahren. Die größeren Blätter können halbiert oder geviertelt werden.

Für die Füllung den Reis 5 Minuten in heißem Wasser einweichen. In ein Sieb abgießen und abspülen. Dann das Sieb in eine Schüssel hängen.

Die Butter bei starker Hitze in einem Topf zerlassen und das Fleisch darin unter Rühren braten, bis es bröselig und gar ist. Mit zwei Teelöffeln Salz würzen. Mit den restlichen Zutaten für die Füllung in das Sieb zum Reis geben. Die Kohlrollen werden in der aufgefangenen Flüssigkeit gegart.

Den Boden des Topfs mit den Kohlstielen auslegen. Die Tomatenscheiben darauf verteilen.

Ein Kohlblatt mit der geäderten Seite nach oben auf eine Arbeitsfläche legen. Einen Esslöffel Füllung mittig daraufgeben, die seitlichen Blattränder über die Füllung schlagen und jedes Blatt fest aufrollen. Mit den restlichen Blättern und der Füllung wiederholen. Die Rollen dicht neben- und übereinander in den Topf schichten.

Die aufgefangene Flüssigkeit von der Füllung mit Wasser auf 500 Milliliter ergänzen. Über die Röllchen gießen und salzen. Einen Teller verkehrt herum auf die Rollen legen, damit sie nicht verrutschen. Das Wasser bei hoher Temperatur zum Kochen bringen und dann zugedeckt bei niedriger Temperatur 1½ Stunden köcheln lassen.

Die Kohlrollen nach Belieben mit Zitronenspalten servieren. Sie können kalt oder warm verzehrt werden und schmecken köstlich zu Laben (siehe Seite 30), Labneh (siehe Seite 37) oder Chilisauce.

Meeshee malfouf
Vegetarische Kohlrollen
Für 6–8 Personen

Bei den gefüllten Kohlrollen wird stets das ganze Blatt verwendet. Auch wenn der Strunk aus den Blättern herausgeschnitten wurde, findet er noch eine Verwendung, denn darauf werden die Rollen zum Garen gelegt. Sogar die Flüssigkeit, in der zuvor das Gemüse gegart wurde, dient zum Kochen der Rollen.

1 großer Weißkohl oder Wirsing
1–2 große Tomaten, in Scheiben geschnitten
Zitronenspalten zum Servieren, nach Belieben

Füllung
330 g Mittelkornreis (Risottoreis)
500 g reife Eiertomaten, fein gewürfelt, Saft auffangen und beiseitestellen
1 große Handvoll glatte Petersilie, fein gehackt
2 EL fein gehackte frische Minze, oder 1 TL getrocknete Minze
2 ½ Zwiebeln, fein gehackt
6 Knoblauchzehen, fein gehackt
2 ½ EL Olivenöl
1 EL gemahlener Kreuzkümmel
2 TL Salz
⅛ TL Chilipulver

Die ganzen Blätter vorsichtig vom Kohl ablösen. Die Blätter in einen großen Topf mit kochendem Wasser geben und garen, bis sie weich genug zum Rollen sind. In ein Sieb abgießen und dieses in eine Schüssel hängen; abtropfen lassen. Den Strunk von jedem Blatt herausschneiden und zur späteren Verwendung aufbewahren. Die größeren Blätter können geviertelt oder halbiert werden.

Für die Füllung den Reis 5 Minuten in heißem Wasser einweichen. In ein Sieb abgießen und abspülen. Das Sieb in eine Schüssel hängen und alle weiteren Zutaten für die Füllung unter den Reis mengen. Die in der Schüssel aufgefangene Flüssigkeit wird später zum Kochen der Kohlrollen verwendet.

Den Boden des Topfs mit den Strünken auslegen. Die Tomatenscheiben darauf verteilen.

Ein Blatt mit der geäderten Seite nach oben auf eine Arbeitsfläche legen. Einen Esslöffel Füllung mittig daraufgeben. Die seitlichen Blattränder über die Füllung schlagen und das Blatt vom Stilansatz her aufrollen. Mit den restlichen Blättern und der Füllung wiederholen. Die Rollen dicht neben- und übereinander in den Topf legen.

Die von der Füllung aufgefangene Flüssigkeit mit Wasser auf 500 Milliliter ergänzen. Über die Kohlrollen gießen und salzen. Einen Teller verkehrt herum auf die Rollen legen, damit sie nicht verrutschen. Bei hoher Temperatur zum Kochen bringen und dann bei niedriger Temperatur zugedeckt 1 ½ Stunden köcheln lassen.

Die Kohlrollen nach Belieben mit Zitronenspalten servieren. Sie können kalt oder warm verzehrt werden und schmecken köstlich zu Laben (siehe Seite 30), Labneh (siehe Seite 37) oder Chilisauce.

Lahem bi ageen
Libanesische Minipizzen
Ergibt 22 Stück

Pflanzenöl zum Bestreichen

Teig
750 g Mehl, plus etwas Mehl zum Bestauben
1 EL Trockenhefe
1 TL Salz
3 TL Zucker
125 ml Olivenöl
⅛ TL Mahlab (siehe Seite 22), fein gemahlen

Belag
350 g gehacktes Lammfleisch
350 g reife Eiertomaten, fein gehackt
2 Zwiebeln, fein gehackt
1 kleine rote Paprikaschote, fein gehackt
¾ TL Baharat-Gewürzmischung meiner Familie (siehe Seite 22)
¾ TL Salz
⅛ TL Chilipulver, nach Belieben

Für den Teig alle Zutaten und 375 Milliliter lauwarmes Wasser vermengen und dann in etwa 5 Minuten zu einem geschmeidigen Teig kneten. Mit einem Geschirrtuch zugedeckt etwa 1 Stunde beiseitestellen, bis der Teig sein Volumen verdoppelt hat.

Den Ofen auf 200 °C vorheizen. Alle Zutaten für den Belag in einer Schüssel gründlich mit den Händen vermengen. Das Gemüse und das Gewürz sollten unbedingt gleichmäßig im Fleisch verteilt sein.

Den Teig erneut kurz durchkneten und ein Stück Teig von der Größe eines Eis abnehmen. Dieses auf einer mit Mehl bestaubten Arbeitsfläche mit den Fingerspitzen und den Handflächen zu einem Taler formen. So lange weiterarbeiten, bis ein zwölf Zentimeter großer runder Fladen entstanden ist. Mit dem restlichen Teig wiederholen.

Drei Backbleche mit Öl einpinseln und die Fladen darauflegen. Auf jeden 1½ Esslöffel Fleischmasse verteilen. Den Rand formen, hierzu mit den Fingern den Teig etwas hochziehen und Dellen hineindrücken. Mit etwas Öl einpinseln. Die Pizzen 20 Minuten backen, bis sie goldbraun und die Böden knusprig geworden sind.

Manoushet za'atar

Za'atar Pizza

Ergibt 8 Stück

Der Teig ist der gleiche wie für die Libanesischen Minipizzen auf der gegenüberliegenden Seite, aber für den Belag werden hier Za'atar und Öl verwendet. Diese Pizzen müssen portionsweise – jeweils zwei oder drei Stück gleichzeitig – gebacken werden.

1 Rezeptmenge Pizzateig (siehe Seite 206)
Mehl zum Bestauben
125 ml Olivenöl
50 g Za'atar von meiner Familie
   (siehe Seite 63)

Den Ofen auf 200 °C vorheizen. Die Arbeitsfläche mit Mehl bestauben. Von dem gegangenen und erneut durchgekneteten Teig ein Stück von der Größe eines Tennisballs abnehmen und mit dem Nudelholz zu einem 22 Zentimeter großen Fladen ausrollen.

Ein Backblech mit etwas Öl bestreichen und den Pizzaboden darauflegen. Mit den Fingern Dellen in den Boden drücken – dort sammelt sich dann etwas mehr von dem Belag.

Das Öl mit dem Za'atar verrühren. Etwas von dieser Mischung auf dem Pizzaboden verstreichen. Die Pizza 10 Minuten backen, bis sie goldbraun ist. Mit dem restlichen Teig und der Za'atar-Mischung wiederholen. Je nach Größe und Menge der Backbleche können mehrere Böden auf einmal zubereitet und gebacken werden.

♦ Alles fürs große Büfett

Znood il sit
Hackfleischröllchen
Ergibt etwa 40 Stück

Füllung
20 g Butter
2 Zwiebeln, fein gehackt
500 g gehacktes Lamm- oder Rindfleisch
  (Schulter)
¼ TL Salz
1 TL Baharat-Gewürzmischung
  meiner Familie (siehe Seite 22)
50 g Pinienkerne

10 Blätter Filoteig
3 EL Pflanzenöl zum Bestreichen

Den Ofen auf 220 °C vorheizen.

Für die Füllung die Hälfte der Butter in einer Pfanne bei schwacher Hitze zerlassen und die Zwiebeln darin braten, bis sie weich und glasig sind. In eine Schüssel geben und beiseitestellen. Die restliche Butter in der Pfanne zerlassen, das Fleisch, das Salz und die Baharat-Gewürzmischung hinzufügen und bei starker Hitze braten, bis das Fleisch braun und durchgegart ist. Zu der Zwiebel in die Schüssel geben.

Die Pinienkerne in einer Antihaftpfanne goldbraun rösten. Von der Kochstelle nehmen und unter die Zwiebeln und das gebratene Fleisch mengen. Zum vollständigen Abkühlen beiseitestellen.

Zwei Backbleche mit Öl einpinseln. Jeweils ein Blatt Filoteig (die anderen Blätter zudecken, damit sie nicht austrocknen) auf die Arbeitsfläche legen und in vier gleich große Streifen von etwa 11,5 × 28 Zentimetern schneiden. Den schmalen Rand eines jeden Streifens anheben und auf den entgegengesetzten schmalen Rand legen, sodass jeder Streifen nun aus einer doppelten Lage Teig besteht und 14 Zentimeter lang ist. Dabei sollte das schmale Streifenende zum unteren Rand der Arbeitsfläche zeigen.

Einen Esslöffel der Füllung auf das schmale Streifenende am Rand der Arbeitsfläche geben. Die Längsseiten bis zur Mitte des Streifens über die Füllung schlagen und den Teig vom schmalen Rand her aufrollen. Die Hände mit Wasser befeuchten und zum Verschließen den Rand auf das Röllchen drücken.

Die Rollen nebeneinander auf das Backblech legen, mit etwas Öl einpinseln und in 15–20 Minuten goldbraun backen.

♦ Alles fürs große Büfett

Meeshee coosa
Gefüllte Zucchini in Tomatensuppe
Für 10–12 Personen

Für dieses Rezept können Sie Lamm- oder Rinderhack verwenden, bitten Sie aber Ihren Metzger darum, Ihnen mageres Fleisch zu geben. Am besten verwenden Sie Ober- oder Unterschale vom Rind oder Lammkeule.

Füllung
110 g Mittelkornreis (Risottoreis)
2 Zwiebeln, fein gehackt
5 reife Eiertomaten, gehackt, Saft auffangen und beiseitestellen
1 Handvoll gehackte frische Minze oder 1 TL getrocknete Minze
15 g Butter
Salz
500 g gehackte Ober- oder Unterschale vom Rind
¼ TL Chilipulver, nach Belieben
½ TL gemahlener Zimt
½ TL gemahlener Kreuzkümmel
½ TL fein gemahlener schwarzer Pfeffer

2 kg (etwa 36) kleine (hellgrüne) Zucchini
¼ TL Salz
3 EL Tomatenmark
Saft von 2 Zitronen

Für die Füllung den Reis 5 Minuten in heißem Wasser einweichen; in ein Sieb abgießen und abspülen. Das Sieb in eine Schüssel hängen und die Zwiebeln, die Tomaten und deren Saft sowie die Minze zu dem Reis geben; die abtropfende Flüssigkeit aufbewahren.

In einem Topf die Butter bei hoher Temperatur zerlassen und das Fleisch darin unter Rühren braten, bis es krümelig und gar ist. Salzen und zum Abkühlen beiseitestellen. Die Reismischung, den Chili, falls verwendet, und die Gewürze unter das erkaltete Fleisch mengen.

Die Zucchini waschen und die beiden Enden abschneiden. Mit einem Zucchinilöffel *(manerah)* vom oberen Ende aus das Fruchtfleisch herausschaben, sodass die Zucchini wie Rohre sind. Beim Aushöhlen aufpassen, denn schnell ist ein Loch in der Zucchiniwand. Die Zucchini mit dem Salz in eine Schüssel geben und 5 Minuten ziehen lassen, so werden sie etwas weicher.

Die Füllung in die Zucchini stopfen und bedenken, dass diese während des Garens quillt. Um zu überprüfen, ob nicht zu viel Füllung in der Zucchini ist, steckt meine Mutter ihren Zeigefinger in die Zucchini. Das erste Fingerglied sollte hineinpassen.

Die aufgefangene Flüssigkeit von der Füllung mit Wasser auf vier Liter ergänzen und in einen acht Liter fassenden Topf gießen. Aufkochen lassen, die Zucchini hineinlegen und 15 Minuten kochen lassen. Das Tomatenmark und den Zitronensaft hinzufügen und unter Rühren auflösen. Dann alles bei schwacher Hitze zugedeckt 1 Stunde garen.

Tipp: Übrig gebliebene Füllung mit den Zucchini in das Wasser geben – so wird die Suppe nahrhafter. Das Fruchtfleisch der Zucchini für Zucchini-Omeletts (siehe Seite 28) verwenden.

♦ Alles fürs große Büfett

Fatayer
Spinatpasteten
Ergibt 22 Stück

Pflanzenöl zum Bestreichen

Teig
750 g Mehl
1 EL Trockenhefe
1 TL Salz
3 TL Zucker
125 ml Olivenöl
⅛ TL Mahlab (aromatisches Gewürz, siehe Seite 22)
125 ml lauwarme Milch

Füllung
1 kg Mangold oder Spinat, gewaschen und gut abgetropft
1 TL Salz
2 Zwiebeln, fein gehackt
3 EL Olivenöl
2 TL Sumach oder Saft von ½ Zitrone
200 g Feta, zerkrümelt, nach Belieben

Für den Teig alle Zutaten mit 250 Milliliter Wasser in einer Schüssel vermengen und dann etwa 5 Minuten kneten, bis sich ein glatter Teig gebildet hat. Den Teig mit einem Geschirrtuch zugedeckt 1 Stunde gehen lassen.

Den Ofen auf 200 °C vorheizen. Für die Füllung die weißen Mangoldstiele herausschneiden, sodass nur die Blätter übrig bleiben. Die Spinat- oder Mangoldblätter in Streifen schneiden und mit dem Salz in eine Schüssel geben. Mit den Händen möglichst viel Wasser aus dem Mangold drücken. Dann die restlichen Zutaten für die Füllung dazugeben und alles gut vermengen.

Den Teig erneut kurz durchkneten. Ein eigroßes Stück davon abnehmen und zwischen Fingerspitzen und Handflächen zu einem Fladen mit 13 Zentimeter Durchmesser formen.

Mittig auf den Teigkreis zwei Esslöffel von der Füllung geben. Den Teig über der Füllung zusammenfassen, sodass eine Pyramide entsteht. Die Ränder fest zusammendrücken, um das Päckchen zu versiegeln. Mit dem restlichen Teig und der Füllung wiederholen.

Ein Backblech mit Pflanzenöl einpinseln. Die Pasteten darauflegen und mit etwas Öl bestreichen. 20–30 Minuten backen, bis sie eine goldbraune Farbe angenommen haben.

6
Tante Therese
Und jetzt das Dessert

Vom Lesen und Genießen des Kaffees

»Kaffeesatzlesen ist die libanesische Version des Horoskops.« Tante Therese

Das Ritual der Kaffeezubereitung und das Trinken libanesischen Kaffees ist ein wesentlicher Bestandteil unserer Gastfreundlichkeit. Es wird zur Begrüßung von Gästen zelebriert, aber auch sonst trinkt man den ganzen Tag über Kaffee. Dieses starke schwarze Getränk wird oft in einem *rakweh*, einer Art Kanne mit einem langen Griff, zubereitet. Es wird auf einem Tablett serviert und vor den Augen der Gäste in eine Mokkatasse gegossen. Der Kaffeesatz *(tefl)*, der sich am Boden der Tasse absetzt, wurde immer schon geschätzt. Man glaubt, dass er Botschaften übermittelt, die von einer geübten Kaffeesatzleserin interpretiert werden können.

Tante Therese war sieben Jahre alt, als sie zum ersten Mal den Kaffeesatz gelesen bekam. Sie wollte unbedingt wissen, was ihr das Schicksal bringen würde. »Meine erste Lesung werde ich nie vergessen. Eine meiner Lieblingsnachbarinnen, die oft zu uns kam und uns mit dem Kaffeesatzlesen unterhielt, hat für mich aus dem Kaffeesatz gelesen«, erzählt Tante Therese. »Wir drängten uns dicht an sie und wollten unbedingt hören, was sie zu sagen hatte.« Tante Therese verhandelte mit ihrer Mutter und bot ihr an, zum ersten Mal ohne ihre Hilfe den Kaffee zuzubereiten, wenn diese es ihr wiederum erlaubte, ein wenig Kaffee zu trinken und sich den Kaffeesatz lesen zu lassen. Citi Leila stimmte zu, betonte aber, dass Therese den Kaffee genau so zubereiten müsse, wie man es ihr beigebracht habe. »Ich weiß, ich weiß, Mutter«, antwortete Tante Therese, die es sehr eilig hatte anzufangen. »Sobald der Kaffee zu kochen beginnt, schalte ich die Temperatur herunter.« »Und was noch?«, fragte ihre Mutter, als ob es sich um eine Prüfung handelte. »Ich muss ihn so lange köcheln lassen, bis der Schaum Blasen bildet, und sobald diese verschwinden, ist er fertig«, lautete die Antwort. Sie stand auf einem Schemel, beugte sich über den Herd und rührte vorsichtig das Kaffeepulver hinein. »Ich war fasziniert vom Mystischen und der Macht, die diesen Körnchen innewohnte«, erzählt sie. Beim Gedanken, dass sie bald etwas über ihr Schicksal erfahren würde, schlug ihr Herz höher.

Als der Kaffee zubereitet war, servierte sie ihn und goss sich danach selbst ein paar Tropfen ein. Nachdem sie einen Schluck getrunken hatte, »schaute ich auf den Boden meiner Tasse und begann, die restliche Flüssigkeit und den Kaffeesatz zu schwenken. Ich war stolz auf mich, weil ich daran gedacht hatte, gerade eben genug davon am Boden übrig zu lassen.« Sie legte die Untertasse auf die Tasse, drehte sie um und ließ sie dann ein paar Minuten stehen. »Ich wollte, dass sich die Flüssigkeit und der Kaffeesatz so gut wie möglich verteilten.« Tante Therese bestand darauf, das so zu tun, »dann kann man weiter in die Zukunft sehen«. Die ältere Dame schaute auf den Kaffeesatz und sagte: »Deine Mutter wird dir ein schönes Kleid mit breiten Bändern kaufen.« Das war alles. Tante Therese war nicht in der Lage zu antworten, so enttäuscht war sie. Sie erinnert sich: »Das wollte ich gar nicht hören. Ich wollte kein Kleid, ich war mit meiner Jeans und meinem T-Shirt zufrieden.« Sie fühlte sich hintergangen und überredete die Nachbarin zu einer zweiten Lesung, und dieses Mal sagte die Frau mit übertriebener, süßlicher Stimme: »Das wird das hübscheste Kleid sein, das du je gesehen hast.« Als Tante Therese noch einmal von dem Kleid hörte, drehte sich ihr fast der Magen um. »Eigentlich wollte ich erfahren«, meint sie, »dass ich in ferne Länder reisen und ein Abenteuer erleben würde wie meine ältere Schwester.« Auch sie sehnte sich sehr danach, ihren Vater zu sehen, der zu dieser Zeit in Australien lebte.

Das Kaffeesatzlesen ist nicht schwer. Man kann durchaus der Meinung sein, dass ein Mensch, der im Kaffeesatzlesen bewandert ist, über Intuition verfügt. »Im Dorf gab es ein paar ältere Frauen, die die Gabe hatten, in die Zukunft eines Menschen sehen zu können. Sie interpretierten Formen und Symbole, die etwas über zukünftige Geschehnisse verrieten, und lagen damit auch meist richtig«, erklärt Tante Therese. Sie erinnert sich daran, dass sie im Alter von etwa vier Jahren zuhörte, wie ihre ältere Schwester Joumana von einer sehr angesehenen Kaffeesatzleserin die Zukunft vorhergesagt bekam. »Als sie sagte, dass unsere Schwester im Begriff sei, auf eine lange Reise nach Übersee zu gehen, brachen wir in Gelächter aus.« Nicht lange nach dieser Lesung stieg Joumana in ein Flugzeug. Ihr Vater brauchte jemanden, der ihn versorgte.

»Man muss bei den Kaffeesatzlesern die Spreu vom Weizen trennen«, lautet Tante Thereses Devise, und genau dafür hat sie auch ein Gespür. »Wenn man in einer eng verbundenen Gemeinschaft in Sydney aufwächst, hat das schon seine Vorteile, aber als Jugendliche wollte ich in Ruhe gelassen und selbstständig werden«, erläutert sie.

Eine der Nachbarinnen war während vieler Kaffeesatzlesungen etwas zu geschwätzig und neugierig. Nachdem sie diese schon früh durchschaut hatte, drehte Tante Therese den Spieß zu ihren Gunsten um. Sie bestand darauf, dass die Tratschtante aus ihrer Tasse las. »Es war klar, dass die Tasse nur ein Vorwand war, um herauszufinden, was ich vorhatte«, meint sie. »Sie wusste solche Dinge wie etwa, dass ich spät abends nach Hause gekommen war, und das war der Beweis, dass sie hinter mir her geschnüffelt hatte. Ich war zwar neugierig, aber gleichzeitig darauf bedacht, meine Geheimnisse für mich zu behalten.«

Das entsetzlich lange Warten auf die Bekanntgabe der Prüfungsergebnisse zum Schulabschluss zehrte an den Nerven der Achtzehnjährigen, die von Verehrern umschwärmt war. Obwohl die Familie meinte, sie sei im besten Heiratsalter, sahen ihre Pläne anders aus. »Der Druck zu heiraten trat während der Kaffeesatzlesungen deutlich zutage, das galt insbesondere für diejenigen Mütter, die mich für ihre Söhne in Betracht zogen«, meint sie, verdreht die Augen und schüttelt den Kopf. »Alles, was ich während dieser Zeit zu hören bekam, war, dass der Richtige schon kommen würde. Ich pfeife auf den Richtigen, dachte ich. Was ich wollte, war, dass jemand in diese Tasse schauen und mir sagen sollte, dass ich gute Noten haben, die Universität besuchen und Psychologie studieren würde.« Obwohl keine der Lesungen ihr diese Weissagung brachte, erfüllte sich Tante Therese ihren Traum und studierte Psychologie. Der »Richtige«, den sie geheiratet hat, kam, aber erst sehr viel später.

Tante Therese erinnert sich an ihre Neugierde als kleines Kind, als eine alte weise Frau ihrer Mutter den Kaffeesatz las. Sie illustriert dies, indem sie die Wahrsagerin nachmacht: »Du wirst ein Kind haben, das dich rettet. Dieses Kind wird dich nicht im Stich lassen.« Sie fügt hinzu: »Das blieb mir im Gedächtnis haften, ich wollte diejenige sein, die diese Funktion übernimmt.«

Es bleibt offen, ob die alte Dame dies wirklich in Tante Thereses Kaffeetasse gesehen hat oder ob sie etwas im Verhältnis zwischen Mutter und Tochter spürte, das sie vermitteln wollte. Wie auch immer, Tante Therese meint, dass wenn Erwachsene den Kaffeesatz für Kinder und Jugendliche lesen, sie dieses Mittel manchmal nutzen, um Dinge zu sagen, die sie sonst nicht aussprechen könnten. Die hohe Kunst des Lesenden besteht daher nicht nur darin, etwas in der Tasse zu sehen, sondern auch den Kaffeesatz zu nutzen, um mit anderen umzugehen. »Jeder will gerne etwas über die Zukunft wissen, das ist sehr unterhaltsam«, erklärt Tante Therese, »wir bekommen aber auch Einblicke in das Leben eines anderen und das ist sehr wichtig.«

Njuz mkhutus bil atter
Citi Leilas Birnen in Sirup
Füllt ein Einmachglas mit zwei Liter Inhalt

1 kg reife, kleine Birnen, mit Schale und Stängeln
900 g Zucker

Die Birnen waschen und abtrocknen.
    Den Zucker und 500 Milliliter Wasser in einem Topf bei niedriger Temperatur unter Rühren erhitzen, bis sich der Zucker aufgelöst hat. Anschließend 7 Minuten bei starker Hitze sirupartig einkochen lassen.
    Jeweils ein paar Birnen in den heißen Sirup gleiten und 2 Minuten lang köcheln lassen, danach in ein zwei Liter fassendes sterilisiertes Einmachglas geben. Den restlichen heißen Sirup über die Birnen gießen und abkühlen lassen. Das Glas mit einem Deckel verschließen. Die Birnen halten sich bis zu 2 Wochen.

Atter
Zuckersirup
Ergibt 500 Milliliter

Dieser Sirup wird für die meisten Desserts in diesem Buch verwendet.

450 g Zucker
1½ TL Zitronensaft
3 kleine, dünne Stücke unbehandelte Zitronenschale, das Weiße entfernt

Den Zucker, den Zitronensaft und die Zitronenschale mit 250 Milliliter Wasser in einen kleinen Topf geben und bei schwacher Hitze rühren, bis sich der Zucker aufgelöst hat. Dann mit dem Rühren aufhören und die Flüssigkeit bei starker Hitze zum Kochen bringen. Erneut auf niedrige Temperatur stellen und die Flüssigkeit etwa 8 Minuten köcheln lassen, bis sie sirupartig eindickt. Der Sirup ist fertig, wenn die Zitronenschale glasig geworden ist und sich an den Rändern einrollt. Von der Kochstelle nehmen und etwas abkühlen lassen. Die Zitronenschale herausnehmen.
    Den Sirup in ein sterilisiertes Einmachglas gießen und vollständig abkühlen lassen. Dann mit dem Deckel verschließen. Hält sich im Kühlschrank bis zu 2 Monate.

Foosteeyeah
Sesam-Erdnuss-Riegel

Ergibt 24 Stück

Pflanzenöl zum Bestreichen
1 kg ungeröstete Erdnüsse, ohne Haut
500 g Sesam
500 g Honig
2 EL Puderzucker, gesiebt

Den Ofen auf 160 °C vorheizen.

Eine 35 × 25 × 2,5 Zentimeter große Form mit Öl einpinseln.

Die Erdnüsse auf zwei Backbleche verteilen und 15–20 Minuten im Ofen rösten. Im Auge behalten und wenden, damit sie rundherum geröstet werden.

In der Zwischenzeit den Sesam in einer Antihaftpfanne unter Rühren goldbraun rösten. Die Erdnüsse und den Sesam in eine große hitzebeständige Schüssel geben.

Den Honig und den Puderzucker in einem Topf bei niedriger Temperatur rühren, bis alles geschmolzen und vermengt ist. Die Temperatur erhöhen und die Mischung kochen, bis sie 116 °C heiß ist. Um das zu überprüfen, benötigt man ein Zuckerthermometer.

Die heiße Honigmasse über die Erdnüsse und den Sesam gießen. Zügig vermischen, in die vorbereitete Form geben und mit einem Löffelrücken gleichmäßig verteilen. Zum Abkühlen für 2–3 Stunden beiseitestellen. Dann in Quadrate schneiden und servieren.

Tipp: Für dieses Rezept eignet sich nahezu jede Nuss.

Tumr malfoofeh
Dattelrollen
Ergibt 40 Stück

- 1 kg weiche libanesische Datteln ohne Stein
- 100 g Butterkekse, in kleine Stücke zerbrochen
- 200 g Walnusskerne, grob gehackt
- 120 g Kokosraspel

Die Datteln waschen, in einen Topf mit 250 Milliliter Wasser geben und bei mittlerer Temperatur erhitzen. Sobald die Mischung zu kochen beginnt, auf niedrige Temperatur schalten und die Datteln zerstampfen, als wolle man Konfitüre zubereiten. In eine Schüssel füllen und vollständig abkühlen lassen.

Die Kekse und Walnüsse gut unter die Datteln mengen. Die Kokosraspel auf die Arbeitsfläche streuen. Die Dattelmasse zu vier Strängen von etwa sieben Zentimeter Durchmesser rollen und in dem Kokos wälzen, bis sie vollständig umhüllt sind. Die Rollen in Frischhaltefolie wickeln und über Nacht in den Kühlschrank stellen. Danach in Scheiben schneiden und servieren.

Tumr bi lawz ma'a chocolat
Mit Mandeln gefüllte Datteln in Schokolade
Ergibt 20 Stück

- 20 frische große Datteln
- 50 g blanchierte Mandeln
- 200 g Bitterschokolade (70 % Kakao), gehackt
- sehr fein abgeriebene Schale von 1 unbehandelten Orange
- 1 EL fein gemahlene Pistazienkerne

Eine Dattel in die Hand nehmen und mit einer kleinen Gabel den Kern herausdrücken und wegwerfen; die Dattel sollte ihre Form beibehalten; mit den restlichen Datteln wiederholen. Jeweils zwei Mandeln in eine Dattel stecken. In einem Topf Wasser bis zum Siedepunkt erhitzen. In den Topf über das Wasser eine hitzebeständige Schüssel hängen. Die Schüssel darf das Wasser nicht berühren. Die Schokolade in die Schüssel geben und unter sanftem Rühren schmelzen lassen. Die Orangenschale unterrühren. Von der Kochstelle nehmen.

Jeweils eine Dattel mithilfe von zwei Gabeln in der Schokolade wenden, herausnehmen und abtropfen lassen. Auf einen Backrost legen und mit gemahlenen Pistazien bestreuen. Die Datteln für etwa 2 Stunden in den Kühlschrank stellen, damit die Schokolade fest wird. Direkt aus dem Kühlschrank servieren.

Atayef mishi bi jowez oh foostah halabee

Libanesische Pfannkuchen mit Nussfüllung

Ergibt 20 Stück

2 TL Trockenhefe
300 g Mehl
2 EL Zucker
Pflanzenöl zum Bestreichen
Zuckersirup, raumtemperiert, zum Beträufeln (siehe Seite 222)

Nussfüllung
135 g Walnusskerne
200 g Pistazienkerne
1 ¼ TL Orangenblütenwasser
100 g Zucker

Ashta-Füllung, nach Belieben
Ashta (libanesischer Frischkäse) oder Crème double (siehe »Gut zu wissen«)

Die Hefe in zwei Esslöffeln warmem Wasser auflösen. Das Mehl in eine Schüssel sieben und das Hefewasser, den Zucker und 625 Milliliter warmes Wasser dazugeben. Mit einem Handrührgerät zu einer dickflüssigen Masse vermengen. Mit einem Geschirrtuch zugedeckt für 1 Stunde beiseitestellen und gehen lassen.

Für die Nussfüllung die Nüsse in einen Mixer geben und den Impulsschalter zweimal kurz betätigen. Die Nüsse, das Orangenblütenwasser und den Zucker in eine Schüssel geben und vermengen.

Eine antihaftbeschichtete oder eine gusseiserne Pfanne mit ¼ Teelöffel Öl einfetten und bei mittlerer Temperatur erhitzen. Etwa 80 Milliliter Teig in die Bratpfanne gießen und zu einem runden Pfannkuchen von zwölf Zentimeter Durchmesser verteilen. Auf einer Seite goldbraun braten. Auf der Oberseite entstehen kleine Löcher. Sobald die Oberfläche fest wird, den Pfannkuchen von der Kochstelle nehmen, nicht wenden. Mit dem restlichen Teig wiederholen.

Jeden Pfannkuchen mit der löchrigen Seite nach oben auf die Arbeitsfläche legen. Etwa einen Esslöffel Füllung mittig daraufgeben. Den Pfannkuchen zu einem Halbmond zusammenklappen und die Ränder fest aufeinanderdrücken.

Mit Sirup beträufeln und raumtemperiert servieren.

Gut zu wissen: Die Pfannkuchen können entweder mit Nüssen oder *ashta* gefüllt werden. Bei *ashta* handelt es sich um libanesischen Frischkäse, der hergestellt wird, indem man Vollmilch reduziert. Man bekommt ihn im libanesischen Lebensmittelgeschäft.

Ma'moul

Walnuss- und Dattelkekse

Ergibt 50 Stück

Diese Kekse werden mit der *tamar*, der *tamreah* oder der *oleb il mamoul* geformt. Meine Familie verwendet eine *tamar*. Wir haben zwei dieser Holzformen, in die jeweils ein anderes Muster geschnitzt ist. Durch die verschiedenen Dekorationen kann man die Dattel- von den Walnusskeksen unterscheiden. Es ist egal, welche Form für die eine oder die andere Sorte verwendet wird.

Teig

500 g Butter

500 g grober Weizengrieß, plus etwas Grieß extra

500 g feiner Weizengrieß

110 g Zucker

1 TL Mahlab (aromatisches Gewürz, siehe Seite 22)

1 TL gemahlener Anis

½ TL Trockenhefe

1 EL Rosenwasser

125 ml Orangenblütenwasser, plus 1 ½ EL extra

350 g Walnusskerne

110 g Zucker

700 g libanesisches Dattelmus, raumtemperiert

Puderzucker zum Bestauben

Für den Teig die Butter in einem Topf bei schwacher Hitze zerlassen; sobald sie geschmolzen ist, von der Kochstelle nehmen. Die beiden Grießsorten und den Zucker in einer großen Schüssel mit den Händen vermengen. Mahlab und Anis untermischen. Die Hefe in einem Esslöffel lauwarmem Wasser auflösen. Unter den Grieß ziehen. Das Rosenwasser und die 125 Milliliter Orangenblütenwasser dazugeben und alles gut vermengen. Nun den Teig kneten, bis er weich, glatt und glänzend ist, und dabei langsam die geschmolzene Butter hinzufügen. Eventuell müssen noch ein paar Esslöffel Grieß dazugegeben werden. Den Teig in der Schüssel mit einem Geschirrtuch zudecken und bei Raumtemperatur 3–24 Stunden ruhen lassen.

Den Ofen auf 150 °C vorheizen. Zwei Backbleche mit Backpapier auslegen. Jeweils eine Handvoll Walnüsse im Mixer so hacken, dass noch kleine Stückchen erkennbar sind. In eine Schüssel geben und mit dem Zucker vermengen.

Die verbliebenen 1 ½ Esslöffel Orangenblütenwasser 5 Minuten lang unter den Teig kneten. Zum Benetzen der Hände eine Schüssel mit warmem Wasser füllen.

Ein kleines Stück von dem Teig abnehmen und zwischen den Handflächen zu einer Kugel von vier Zentimeter Durchmesser rollen. Mit dem Finger in die Kugel stechen und durch Bewegen des Fingers eine Tasche formen. Der Teig sollte nur noch eine dünne Wand bilden. Die Tasche mit einem Esslöffel Walnüssen oder Dattelpüree füllen. Die Kugel verschließen und in die runde Form des *tamar* drücken. Den Keksboden, der aus der Form ragt, mit der Hand flach drücken. Die Form umdrehen, gegen eine harte Oberfläche schlagen und den geformten Teig mit der anderen Hand auffangen. Auf das vorbereitete Blech legen. Wiederholen.

Die Kekse in 30–35 Minuten hellbraun backen und auf einem Kuchengitter abkühlen lassen; danach mit Zucker bestauben.

Das Geheimnis des Arak

Auch wenn ich viele meiner geheimen Familienrezepte für Sie niedergeschrieben habe, kann ich nicht alles preisgeben. Nachdem ich mit meinem Bruder hin und her überlegt habe, kam ich schließlich zu dem Entschluss, das Rezept für unser heiliges Familiengebräu, den Arak, nicht zu verraten. So gehört es sich nämlich auch für ein Familiengeheimnis. Arak ist das alkoholische libanesische Nationalgetränk – aus hellen Trauben hergestellt und mit Anis aromatisiert.

Der Ablauf und die Mengeneinheiten, an die sich meine Familie bei der Herstellung dieser dem Ouzo ähnlichen Spirituose hält, sind einzigartig. Nur einige wenige gehören dem inneren Kreis an, der die genauen Mengenangaben und die zur Herstellung des Arak notwendigen Temperaturen kennt. Mir wurde die Ehre, das geheime Rezept zu erfahren, noch nicht zuteil. Wie dem auch sei, Citi und die Familie verrieten mir – meistens nach dem Genuss von ein paar Gläsern Arak – ein paar grundlegende Details, wie diese kostbare Spirituose daheim im Libanon hergestellt wurde.

Das ist die Geschichte: Zum Ende jeder Traubenlese im September oder Oktober wurden die vollreifen Früchte mitsamt ihrer Stängel zum Fermentieren für einen Monat in große Fässer gelegt. Während dieser Zeit mussten die Trauben zweimal in der Woche umgerührt werden, um die eingeschlossenen Gase freizusetzen.

Der folgende Schritt bestand darin, die fermentierten Trauben zu veredeln. Dafür mussten diejenigen, die den Arak herstellten, möglichst viel Flüssigkeit aus den gärenden Trauben gewinnen. Mit den Händen schoben sie ein Gerät durch die Trauben, das wie ein Sieb aussah – ein fester Holzrahmen, in den ein Netz gespannt war. Nur die Flüssigkeit und kein Trester durfte durch das Netz in das darunterstehende Holzfass gelangen, denn sonst hätte man die Flüssigkeit erneut durch ein Sieb gießen müssen.

Die Flüssigkeit wurde danach in große sterilisierte Fässer gefüllt, wo sie drei Wochen blieb. Die Fässer standen während dieser Zeit an einem dunklen, gut durchlüfteten Ort.

Das klassische Gerät zum Destillieren der Flüssigkeit wird *karkeh* genannt. Es ist aus Ton und hat die Form einer riesigen Birne, die etwa 50 Liter Flüssigkeit fasst. Die *karkeh* wurde zur Hälfte mit Flüssigkeit gefüllt und anschließend erhitzt, bis sie die von meiner Familie geheim gehaltene Temperatur hatte. War diese Temperatur erreicht, wurden Wasser und Anis hinzugefügt.

Vier erfahrene Arakmeister aus dem Dorf waren zum Überwachen der Temperatur und zum Wiederauffüllen der *karkeh* notwendig – zwei in der Nacht und die anderen beiden am Tag. Das ging vier Tage so, bis alle Flüssigkeit aus der *karkeh* destilliert war. Anschließend wurde die *karkeh* gesäubert und der Prozess begann noch einmal von vorn.

Der schwierige Herstellungsprozess des Arak beeinflusst auch die Art und Weise, wie wir ihn genießen. Bevor er getrunken werden kann, muss man ihn mischen und dabei die Reihenfolge beachten. Geschieht dies nicht, setzen sich Kristalle an der Oberfläche ab und er ist ungenießbar. Zuerst schenkt man ein Drittel Arak in ein kleines Glas, dann folgen zwei Drittel Wasser und zuletzt ein paar Eiswürfel. Gießt man zuerst das Wasser hinein, ist dieser wertvolle Tropfen verschwendet.

Arak sollte nur zu einer schweren Mahlzeit oder einem Büfett getrunken werden. Er passt vorzüglich zu rohem Fleisch. Arak wird nie zusammen mit anderen Spirituosen oder Früchten genossen.

Khaleena (mögen wir lange zusammenbleiben) lautet der typische Trinkspruch vor dem ersten Glas Arak – ein Gruß, mit dem man Respekt und Ehre zum Ausdruck bringt.

Ghraybeh
Butterkringel

Ergibt 50 Stück

300 g weiche Butter
110 g Zucker
500 g Mehl, gesiebt
65 g feiner Weizengrieß, gesiebt
1–2 EL warme Milch
80 g blanchierte Mandeln, halbiert

Den Ofen auf 150 °C vorheizen. Zwei Backbleche mit Öl fetten oder mit Backpapier auslegen.

Die Butter und den Zucker schaumig rühren. Das Mehl, den Grieß und einen Esslöffel Milch hinzufügen und alles per Hand zu einem Teig verkneten. Falls dieser zu weich erscheint, noch etwas Mehl dazugeben. Wenn er zu fest ist, die restliche Milch unterarbeiten.

Die Arbeitsfläche mit etwas Mehl bestauben und einen Esslöffel Teig zu einer etwa fünf Millimeter dicken Wurst rollen. Diese zu einem Kreis formen und die Enden aufeinanderlegen. Auf jede Verbindungsstelle eine Mandel drücken und die Kringel auf das Backblech legen. So sämtliche Kringel formen und 30 Minuten backen.

Gateau jazar
Karottenkuchen

Für 10 Personen

100 g Walnusskerne
300 g Mehl, gesiebt
1 ½ TL Backpulver
250 g Karotten, geraspelt
4 Eier
250 ml Pflanzenöl
300 g Zucker
125 g Sultaninen
Puderzucker zum Bestauben

Den Ofen auf 170 °C vorheizen. Eine runde Backform mit 27 Zentimeter Durchmesser fetten und mit Backpapier auslegen.

Die Walnüsse im Mixer hacken. Das Mehl mit dem Backpulver mischen. Sämtliche Zutaten außer dem Puderzucker in einer großen Schüssel 5 Minuten mit einer Hand vermengen. Die Mischung in die vorbereitete Backform löffeln und 45 Minuten backen, bis der Kuchen hellbraun ist und an einem hineingesteckten Spieß beim Herausziehen kein Teig mehr haftet.

Den Kuchen in der Form völlig erkalten lassen. Herausnehmen, mit Puderzucker bestauben und servieren.

Macaroni bil atter
Makkaroni in Sirup
Für 12 Personen

In diesem Gericht gibt es gar keine Makkaroni. Ich glaube, sein Name kommt daher, dass es wie Makkaroni aussehen soll. Es ist das Lieblingsdessert meiner Mutter.

2 TL Orangenblütenwasser
2 Rezeptmengen Zuckersirup, raumtemperiert (siehe Seite 222)
550 g grober Weizengrieß, gesiebt
150 g Mehl, gesiebt, plus etwas Mehl zum Bestauben
½ TL Backpulver
250 g weiche Butter
½ TL Mahlab (aromatisches Gewürz, siehe Seite 22)
300 ml Milch
1 l Pflanzenöl zum Frittieren

Das Orangenblütenwasser in den Zuckersirup rühren und bis zur Verwendung beiseitestellen.

Den Grieß, das mit dem Backpulver vermischte Mehl, die Butter, das Mahlab und die Milch in eine Schüssel geben. Erst gründlich vermengen und dann zu einem weichen Teig verkneten; die Hände während des Knetens mit Mehl bestauben.

Einen Esslöffel der Masse zwischen den Handflächen zu einer Kugel rollen. Die Kugel zu einer Wurst von einem Zentimeter Durchmesser formen. Diese »Wurst« auf eine Handfläche legen und mit der anderen Hand mit der Fingerspitze der Länge nach tiefe Dellen hineindrücken. Beiseitelegen. Mit dem restlichen Teig wiederholen.

Das Öl in einem hohen Topf auf 160 °C erhitzen. Die Teigstücke portionsweise in 4–5 Minuten goldbraun frittieren. Die »Makkaroni« aus dem Öl nehmen, auf Küchenpapier abtropfen lassen und dann in eine Schüssel legen und mit dem Sirup übergießen.

Tipp: Wenn Sie möchten, können Sie die »Makkaroni« gegen die Wand eines Siebs drücken, um ihnen ein Muster zu verleihen.

Barozee
Sesamgebäck
Ergibt 24 Stück

1 Eiweiß

80 g Sesam

650 g Mehl, gesiebt

1 Päckchen Backpulver

90 g Puderzucker, gesiebt

125 ml Milch

1 Prise Mahlab (aromatisches Gewürz, siehe Seite 22)

250 g Butter, geschmolzen und abgekühlt

Den Ofen auf 200 °C vorheizen. Zwei Backbleche fetten oder mit Backpapier auslegen.

Das Eiweiß in einer Schüssel steif schlagen. Den Sesam in einen großen Teller geben; beides beiseitestellen.

In einer zweiten Schüssel das mit dem Backpulver vermischte Mehl, den Puderzucker, die Milch, das Mahlab und die Butter so lange vermengen, bis die Masse einem Teig ähnelt. Diesen dann kneten, bis er weich und glatt ist. Ein Viertel des Teigs auf 1,5 Zentimeter Dicke ausrollen und daraus Taler mit acht Zentimeter Durchmesser ausstechen. Jeden Kreis mit Eiweiß bestreichen, dann vorsichtig in den Sesam drücken und auf ein Backblech legen. Den Sesam vorsichtig mit den Fingern andrücken.

Die Kekse 15–20 Minuten backen, bis sie hellbraun geworden sind. Die restlichen Teigviertel ebenso verarbeiten und die Teigreste von der ersten Portion dabei mitverwenden.

Mulbeeyeah
Reisbrei
Für 8 Personen

1,5 l Milch
165 g Zucker
440 g Mittelkornreis (Risottoreis), gut abgespült
1 Lorbeerblatt
gemahlener Zimt, Kakaopulver oder Schokoladenstreusel zum Garnieren

Die Milch, 125 Milliliter Wasser und den Zucker bei starker Hitze in einem Topf aufkochen. Den Reis und das Lorbeerblatt hineingeben und unter ständigem Rühren erneut aufkochen lassen. Die Hitze auf niedrigste Stufe stellen und den Reisbrei mit halb aufgelegtem Deckel 30–40 Minuten garen, bis er eindickt.

Den Reisbrei in Servierschälchen füllen und mit Zimt, Kakaopulver oder Schokoladenstreuseln bestreuen.

Knefeh ma'a jubn
Knefeh mit Käse
Für 10 Personen

625 ml Milch
220 g Zucker
240 g grober Weizengrieß
1 TL Rosenwasser oder Orangenblütenwasser
125 g geraspelter Mozzarella
¼ Rezeptmenge Zuckersirup, raumtemperiert (siehe Seite 222)

Den Ofen auf 180 °C vorheizen. Eine runde Backform mit einem Durchmesser von 25 Zentimetern einfetten.

Die Milch, den Zucker, den Grieß, das Rosen- oder Orangenblütenwasser und 250 Milliliter Wasser in einem Topf bei mittlerer Temperatur 20–30 Minuten unter ständigem Rühren kochen, bis die Masse eindickt und cremig wird.

Die Hälfte der Masse in die vorbereitete Backform gießen und gleichmäßig mit dem Käse bestreuen. Den verbliebenen Grießbrei darüber verteilen und glatt streichen.

In den Ofen schieben und in 25 Minuten hellbraun backen. Aus dem Ofen nehmen, etwas abkühlen lassen, in Stücke schneiden und mit Zuckersirup servieren.

Knefeh
Grießkuchen mit Cornflakestreuseln
Für 10 Personen

20 g Butter, gewürfelt
30 g Cornflakes, zerkrümelt
1 l Milch
160 g grober Weizengrieß
250 ml Sahne
1 EL Zucker
1 Rezeptmenge Zuckersirup,
   raumtemperiert (siehe Seite 222)

Den Ofen auf 180 °C vorheizen. Die Butter und die Cornflakes in eine hitzebeständige runde Auflauf- oder Tarteform mit einem Durchmesser von 30 Zentimetern und einer Höhe von fünf Zentimetern geben. Die Form bei niedriger bis mittlerer Temperatur auf die Herdplatte stellen und so lange erhitzen, bis die Butter schmilzt; dabei rühren, damit die Streusel nicht anbrennen.

Die Streuselmasse in zwei Hälften aufteilen. Eine davon auf dem Boden der Form verteilen.

Die Milch, den Grieß, die Sahne und den Zucker in einem Topf bei starker Hitze rühren, bis die Masse kocht und sämig wird. Die Wärmezufuhr auf schwache Hitze stellen und den Brei unter häufigem Rühren weitere 10 Minuten eindicken lassen.

Den cremigen Grießbrei über die Krümel gießen, gleichmäßig verstreichen und den Rest der Cornflakestreusel darüberstreuen. 15–20 Minuten backen, bis die Farbe der Streusel an Karamell erinnert.

Den Kuchen aus dem Ofen nehmen und 10–20 Minuten abkühlen lassen. In Stücke schneiden und mit dem Sirup servieren.

♦ Und jetzt das Dessert

Hulwet jubneh
Süßer Käse
Für 12 Personen

Bei diesem Rezept muss man während der gesamten Zubereitung rühren. Betrachten Sie das als Gelegenheit, vor dem Genuss noch ein paar Kalorien zu verbrennen.

Sirup
110 g Zucker
Saft von ½ Zitrone

Käse
440 g Zucker
1 kg Mozzarella, gewürfelt
270–360 g feiner Weizengrieß
4 EL Rosen- oder Orangenblütenwasser

40 g gehackte Pistazienkerne

Für den Sirup den Zucker, den Zitronensaft und vier Esslöffel Wasser in einem kleinen Topf bei niedriger Temperatur erhitzen; rühren, damit sich der Zucker auflöst. Mit dem Rühren aufhören, sobald sich der Zucker aufgelöst hat, auf starke Hitze schalten und den Sirup zum Kochen bringen. Dann 6 Minuten bei schwacher Hitze köcheln lassen, bis die Mischung dickflüssiger wird. Beiseitestellen und abkühlen lassen.

Für den Käse den Zucker und 500 Milliliter Wasser in einem antihaftbeschichteten Topf bei hoher Temperatur erwärmen. Rühren, bis sich der Zucker aufgelöst hat und das Wasser kocht. Nach und nach die Käsewürfel dazugeben und langsam mit einer kreisförmigen Bewegung unterrühren. Langsam den Grieß einrieseln lassen (etwas davon beiseitestellen) unter weiterem Rühren unterziehen. Der Käse sollte Fäden ziehen. Möglicherweise wird nicht die ganze Menge Grieß für den Käse benötigt. Sobald kein Wasser mehr im Topf vorhanden ist und die Käsemasse sehr dick geworden ist, keinen weiteren Grieß zugeben. Das Rosen- oder Orangenblütenwasser sorgfältig unterrühren.

Ein wenig vom abgekühlten Sirup auf die Arbeitsfläche gießen und auf einer Fläche von 60 × 60 Zentimetern verteilen. Den Käse etwa drei Millimeter hoch darauf verteilen.

Den süßen Käse 5 Minuten abkühlen lassen und dann in etwa zehn Zentimeter große Stücke zupfen. Diese auf einem Teller übereinanderlegen und mit den gehackten Pistazien bestreuen; etwas von dem restlichen Sirup darübergießen.

Tipp: Zusammen mit *ashta*, libanesischem Frischkäse, schmeckt dieser Nachtisch köstlich. *Ashta* ist in libanesischen Lebensmittelgeschäften erhältlich. Sie können aber auch Crème double verwenden.

Namoora
Gebackene Grießschnitten
Ergibt 30 Stück

100 g Butter, gewürfelt
¾ TL Trockenhefe
750 g grober Weizengrieß
135 g Kokosraspel
330 g Zucker
50 g blanchierte Mandeln, halbiert

Sirup
350 g Zucker
3 TL Zitronensaft
3 kleine, dünne Streifen Zitronenschale, das Weiße entfernt

Die Butter in einem kleinen Topf bei schwacher Hitze zerlassen. Beiseitestellen und etwas abkühlen lassen. Die Hefe in einer kleinen Schüssel mit drei Teelöffeln lauwarmem Wasser verrühren.

Den Grieß, die Kokosraspel, den Zucker und 185 Milliliter Wasser in einer großen Schüssel vermischen. Die geschmolzene Butter und die Hefe unterrühren und dann alles mit den Händen zu einer klebrigen Teigkugel kneten.

Die Masse in eine runde Form mit 33 Zentimeter Durchmesser und etwa fünf Zentimeter Höhe drücken und in rautenförmige Stücke von 3,5 × 5,5 Zentimeter Größe schneiden. Eine halbe Mandel mittig auf jedes Stück drücken. Mit Frischhaltefolie abdecken, beiseitestellen und 3 Stunden ruhen lassen.

Nach 1½ Stunden den Sirup zubereiten. Den Zucker, den Zitronensaft und die -schale sowie 270 Milliliter Wasser in einem kleinen Topf bei niedriger Temperatur unter Rühren erhitzen. Sobald der Zucker aufgelöst ist, mit dem Rühren aufhören. Auf starke Hitze schalten. Die Flüssigkeit zum Kochen bringen und dann bei schwacher Hitze etwa 8 Minuten köcheln lassen, bis sie sirupartig eindickt. Der Sirup ist fertig, sobald die Zitronenschale glasig ist und sich an den Rändern einrollt. Von der Kochstelle nehmen und auf Raumtemperatur abkühlen lassen. Die Zitronenschale herausnehmen.

Den Ofen auf 180 °C vorheizen, die Folie von der Namoora entfernen und den Kuchen 40 Minuten backen, bis er goldbraun ist.

Aus dem Ofen nehmen. Den Ofen ausschalten. Den Kuchen mit dem Sirup tränken, erneut in den Ofen stellen und in dem geschlossenen Ofen 15 Minuten stehen lassen (durch die Wärme des Ofens kann der Kuchen sämtlichen Sirup absorbieren). Aus dem Ofen nehmen und vollständig erkalten lassen. In Stücke schneiden.

Murabba it tin

Feigen-Nuss-Konfitüre

Ergibt etwa 6 Gläser à 250 Milliliter

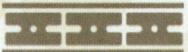

1 kg getrocknete Feigen
230 g Zucker
100 g Walnusskerne, grob gehackt
150 g Erdnüsse, die Haut entfernt, geröstet
150 g gerösteter Sesam (erhältlich im libanesischen Lebensmittelladen, oder selbst rösten)
1 TL Rosenwasser

Die Stängel der Feigen entfernen. Die Früchte halbieren und in dünne Scheiben schneiden.

Die Feigen, den Zucker und einen Liter Wasser in einem großen Topf bei schwacher Hitze zum Kochen bringen, gelegentlich umrühren. Dann bei so geringer Hitze wie möglich oder auf einer Warmhalteplatte zugedeckt etwa 25 Minuten garen, bis die Feigen weich werden. Die Nüsse und den Sesam dazugeben und die Konfitüre zugedeckt weitere 30 Minuten garen. Dann unter Rühren etwa 20 Minuten eindicken lassen, bis die Flüssigkeit verdampft ist. Das Rosenwasser unterrühren. Etwas abkühlen lassen und in sterilisierte Gläser füllen; Im Kühlschrank aufbewahren.

Murabba il mish mish

Aprikosenkonfitüre

Ergibt etwa 3 Gläser à 200 Milliliter

Für einen säuerlichen Geschmack mischt Mutter gerne sehr reife Aprikosen mit halb ausgereiften.

1 kg Aprikosen
1 Lorbeerblatt
220 g Rohrohrzucker

Die Aprikosen waschen und vorhandene Stängel entfernen. Die Früchte halbieren und die Kerne entfernen.

Die Aprikosen in einem Topf mit 170 Milliliter Wasser, dem Lorbeerblatt und dem Zucker vermischen und bei mittlerer Temperatur aufkochen lassen. Dann bei so geringer Hitze wie möglich oder auf einer Warmhalteplatte unter gelegentlichem Rühren etwa 1 Stunde garen, bis die Konfitüre die gewünschte Konsistenz hat. Sie sollte einen dunklen, satten Honigton haben. Die Konfitüre in eine hitzebeständige Schüssel gießen und etwas abkühlen lassen. Dann in sterilisierte Gläser füllen und im Kühlschrank aufbewahren.

Ahweh / Libanesischer Kaffee
Für 6 Personen

»Beim Kaffee gibt es eine goldene Regel: Man muss ihn immer 2 Minuten stehen lassen, damit er sich setzt.« Tante Therese

Wenn nach einer Beerdigung Kaffee serviert wird, kommt unserer Tradition entsprechend kein Zucker hinein.

2 TL Zucker
4 TL fein gemahlener libanesischer Kaffee

In einem kleinen *rakweh* (schmales Gefäß mit langem Griff) 375 Milliliter Wasser bei mittlerer Temperatur erhitzen. Sobald das Wasser kocht, den Zucker dazugeben. Den *rakweh* von der Kochstelle nehmen und das Kaffeepulver hineinrühren. Den *rakweh* erneut bei schwacher Hitze auf den Herd stellen. Den Kaffee im Auge behalten, solange er köchelt. Der Schaum sollte sich in Blasen verwandeln. Von der Kochstelle nehmen, sobald sich kein Schaum oder Blasen mehr bilden, mit einem kleinen Teller abgedeckt 2 Minuten ruhen lassen. Servieren.

Cafe blanc / Libanesischer Verdauungs-Tee
Für 1 Person

1 TL Rosen- oder Orangenblütenwasser
Zucker zum Servieren, nach Belieben

250 Milliliter Wasser zum Kochen bringen. In eine Teetasse gießen und das Rosen- oder Orangenblütenwasser dazugeben. Nach Belieben mit Zucker süßen.

Yensoon / Anistee
Für 1 Person

1 TL Anissamen

250 Milliliter Wasser aufkochen und in eine Teetasse gießen. Den Anis in einem kleinen Sieb abspülen und in ein Teesieb geben. Das Teesieb in die Tasse stellen und den Tee je nach gewünschtem Aroma kurz oder auch länger ziehen lassen.

♦ Und jetzt das Dessert

A

Aads bi hamod 92
Ahweh 251
Al-saman ibtabel 142
Alb maqlii 141
Amheeyeah mit Laben 169
Aprikosenkonfitüre 248
Arnabiit makboos 98
Arnabiit maqlii 163
Atayef mishi bi jowez oh foostah halabee 229
Atter 222
   Citi Leilas Birnen in Atter 222
Auberginen
   Eingelegte 99
   Gemüsestapel 162
   Vegetarischer Schmortopf 85

B

Baandhinjaan makboos 99
Baba ganoush 39
Barozee 237
Batata m'luheyeah 87
Bayd ma'a batata 24
Bayd ma'a lahm 27
Bayd maqlii 24
Bazella ma'a rooz 89
Bemeh ma'a lahem 72
Bemeh otah 81
Birnen
   Citi Leilas Birnen in Sirup 222
Blumenkohl
   Eingelegter 98
   Gebratener 163
Bohnen
   Borlotti-Bohnen mit Lamm 82
   Bunte Bohnensuppe 91
   Dicke Bohnen mit Olivenöl 50
   Eingelegte grüne Bohnen 100
   Geschmorte grüne Bohnen 74
   Grüne Bohnen mit Lammfleisch 84
   Hausgemachte Nudelsuppe mit Bohnen 90
   Kibbeh-Suppe der Mönche (Karfreitagssuppe) 156
   Lamm-Schmortopf mit weißen Bohnen 77
   Vegetarischer Weiße-Bohnen-Schmortopf 75
Brokkoli, Joumanas Gemüsesuppe 95
Brot, Gebratenes 50
Bulgur
   Bulgurhütchen 129
   Gemüse mit Bulgur 163
   Kibbab-Ovale 124
   Kibbab-Ovale in Joghurtsuppe 130
   Rohes Kibbeh 120
Butterkringel 235

C

Cafe blanc 251
Champignons
   Gemüsestapel 162
   Shish kebab 134
Chilischoten
   Chilifisch 176
   Vegetarischer Okra-Chili-Topf 81
Coosa bi laben 198

D

Datteln
   Dattelrollen 226
   Mit Mandeln gefüllte Datteln in Schokolade 226
   Walnuss- und Dattelkekse 230
Dicke Bohnen mit Olivenöl 50
Dummus fool 50

E

Eier
   Gebratene 24
   Kartoffelbrei mit Ei 24
   Pfannkuchen mit Ei, Zwiebel und Petersilie 27
   Rührei mit Fleisch 27
   Zucchiniomeletts 28
Erbsen
   Lammfleisch-Erbsen-Schmortopf 89
Erdnüsse
   Feigen-Nuss-Konfitüre 248
   Sesam-Erdnuss-Riegel 225

F

Falafel 167
Fasolia bi lahem 82
Fasolia otah 75
Fassoulia 77
Fatayer 212
Fattoush 56
Feigen-Nuss-Konfitüre 248
Feta, Spinatpasteten 212
Fisch
   Chilifisch 176
   Gebratener 172
   Gebratener Lachs mit Gemüse 172
   In Fischbrühe gegarter Reis 173
Foosteeyeah 225
Friséesalat 53
   Blanchierter Frisée mit Zwiebeln 168
   Blanchierter 53

G

Gateau jazar 235
Gebäck
   Butterkringel 235
   Makkaroni in Sirup 236
   Sesamgebäck 237
   Walnuss- und Dattelkekse 230
Gebratenes Brot 50
Gemüse mit Bulgur 163
Gemüsestapel 162
Gerste
   Joghurt mit Gerste 169
   Schneller Lamm-Schmortopf mit Gerste 86
Ghraybeh 235

Grieß
   Gebackene Grießschnitten 247
   Grießkuchen mit Cornflakestreuseln 241
   Grüne Bohnen mit Lammfleisch 84
Gummeh 145
Gurken
   Eingelegte 98
   Gurkensalat mit Joghurt 54

H
Hackfleischpäckchen mit Pinienkernen 197
Hackfleischröllchen 208
Hähnchen
   In Brühe gekochter Reis mit Huhn 140
   Mariniertes Huhn 137
Harisse 86
Hausgemachte Nudelsuppe mit Bohnen 90
Herz, Gebratene Herzstreifen 141
Hindbeh maslooa ma'a basal 168
Hulwet jubneh 242
Hummus 38

J
Jibneh layyin 46
Joghurt
   Gefüllte Zucchini in Joghurtsuppe 198
   Joghurt mit Gerste 169
   Kibbab-Ovale in Joghurtsuppe 130
   Selbst gemachter cremiger Joghurt 31
   Selbst gemachter Joghurt 30
Joumanas Gemüsesuppe 95
Joumanas shawarba 95

K
Kaffee, Libanesischer Kaffee 251
Karotten, Karottenkuchen 235

Kartoffeln
   Geschmorte Lammkeule mit Kartoffeln 77
   Kartoffel-Tomaten-Topf 87
   Kartoffelbrei mit Ei 24
   Kartoffelpüree mit Kräutern 169
Käse
   Labneh-Käsekugeln 35
   Libanesischer Sauermilchkäse 46
Kebab
   Kebab-Rollen 138
   Shish kebab 134
Khiyaar bi laben 54
Khiyaar makboos 98
Khobz maqli 50
Kibbab 124
Kibbab bi kishk 125
Kibbab bi laben 130
Kibbab-Ovale 124
Kibbab-Ovale in Joghurtsuppe 130
Kibbeh
   Gebackenes 133
   Kibbeh bi sayneeh 133
   Kibbeh nayee 120
   Kibbeh otah 161
   Kibbeh-Suppe der Mönche 156
   Rohes 120
   Vegetarische Kibbeh-Ovale 161
Kibbet batata 169
Kibbet il roheb 156
Kichererbsen
   Gemüsestapel 162
   Kibbeh-Suppe der Mönche (Karfreitagssuppe) 156
Kilya maqlii 144
Kishk-Suppe 188
Kishk-Suppe mit Kibbab 125
Knefeh 241
Knefeh ma'a jubn 238
Knefeh mit Käse 238
Knoblauchsauce 42

Kofta
   Kofta bi sayneeyeh 119
   Kofta bi zoom 117
   Kofta nayee 116
   Kofta-Bällchen in Gemüsesauce 117
   Kofta-Gemüse-Auflauf 119
   Rohe 116
Kohl
   Gemüse mit Bulgur 163
   Kohlrollen mit Fleischfüllung 202
   Spitzkohlsalat 54
   Vegetarische Kohlrollen 205
Kokosraspel
   Dattelrollen 226
   Gebackene Grießschnitten 247
Konfitüre
   Aprikosenkonfitüre 248
   Feigen-Nuss-Konfitüre 248
Kuchen
   Grießkuchen mit Cornflakestreuseln 241
   Karottenkuchen 235
Kusa ma'a waraq inab 194
Kutteln, Gefüllte 145

L
Laben 30
Labneh 31
   Marinierte Labneh-Kugeln 105
   Labneh-Käsekugeln 35
   Labneh makbooseh 105
Lahem bi ageen 206
Lamm
   Borlotti-Bohnen mit Lamm 82
   Bulgurhütchen 129
   Gebackene Kibbeh 133
   Gefüllte Zucchini in Joghurtsuppe 198
   Gefüllte Zucchini mit Lammkoteletts und Weinblättern 194
   Geschmorte Lammkeule mit Kartoffeln 77

Grüne Bohnen mit Lamm-
   fleisch   84
Hackfleischpäckchen mit
   Pinienkernen   197
Hackfleischröllchen   208
Kebab-Rollen   138
Kibbab-Ovale   124
Kibbab-Ovale in Joghurt-
   suppe   130
Kishk-Suppe   188
Kofta-Bällchen in Gemüse-
   sauce   117
Kofta-Gemüse-Auflauf   119
Kohlrollen mit Fleisch-
   füllung   202
Lammfleisch-Erbsen-
   Schmortopf   89
Lamm-Schmortopf mit weißen
   Bohnen   77
Libanesische Mini-
   pizzen   206
Okra-Lammfleisch-Topf   72
Rohes Kibbeh   120
Rührei mit Fleisch   27
Schneller Lamm-Schmortopf
   mit Gerste   86
Shish kebab   134
Leber, Gebratene   141
Libanesische Minipizzen   206
Libanesischer Salat   59
Libanesischer Sauermilch-
   käse   46
Lift makboos   102
Linsen
   Linsensuppe mit Mangold   92
   Reis mit Linsen   164
Loubyeah bi lahem   84
Loubyeah makbooseh   100
Loubyeah otah   74

M

M'Juderah   164
M'nasleh   85
Ma'moul   230
Macaroni bil atter   236

Mahloota   91
Makkaroni in Sirup   236
Mandeln, Mit Mandeln gefüllte
   Datteln in Schokolade   226
Mangold
   Kibbeh-Suppe der Mönche
      (Karfreitagssuppe)   156
   Linsensuppe mit Mangold   92
   Spinapasteten   212
   Vegetarische Mangold-
      rollen   193
Manoushet za'atar   207
Marshoosheh   163
Meeshee coosa   211
Meeshee malfouf   205
Meeshee malfouf bi lahem   202
Meeshee selh   193
Mozzarella
   Knefeh mit Käse   238
   Süßer Käse   242
Mulbeeyeah   238
Murabba il mish mish   248
Murabba it tin   248

N

Namoora   247
Niere, Gebratene   144
Njuz mkhutus bil atter   222

O

Okraschoten
   Okra-Lammfleisch-Topf   72
   Vegetarischer Okra-Chili-
      Topf   81
Olab hoodrah   162
Oliven, Eingelegte grüne   101
Oojeh   27
Oojet kusa   28
Oros kibbeh   129

P

Paprika
   Gebratener Lachs mit
      Gemüse   172
   Vegetarischer Schmortopf   85

Pfannkuchen mit Ei, Zwiebel
   und Petersilie   27
Pizza
   Libanesische Minipizzen   206
   Za'atar Pizza   207

R

Reis
   Gefüllte Weinblätter   199
   Gefüllte Zucchini in Joghurt-
      suppe   198
   Gefüllte Zucchini in Tomaten-
      suppe   211
   In Brühe gekochter Reis
      mit Huhn   140
   In Fischbrühe gegarter
      Reis   173
   Kohlrollen mit Fleisch-
      füllung   202
   Reisbrei   238
   Reispudding zum Früh-
      stück   36
   Reis mit Linsen   164
   Vegetarische Kohlrollen   205
   Vegetarische Mangold-
      rollen   193
Rind
   Bulgurhütchen   129
   Gebackener Kibbeh   133
   Gefüllte Zucchini in Joghurt-
      suppe   198
   Gefüllte Zucchini in Tomaten-
      suppe   211
   Hackfleischpäckchen mit
      Pinienkernen   197
   Hackfleischröllchen   208
   Kibbab-Ovale   124
   Kibbab-Ovale in Joghurt-
      suppe   130
   Kishk-Suppe   188
   Kofta-Gemüse-Auflauf   119
   Kohlrollen mit Fleisch-
      füllung   202
   Spinat-Rindfleisch-Topf   78
Rooshta   90

Rooz a deejesh 140
Rooz bi haleeb 36
Rüben, Eingelegte weiße 102
Rührei mit Fleisch 27

S

Salat
  Einfacher, mit Schanklisch 60
  Endiviensalat 53
  Gurkensalat mit Joghurt 54
  Libanesischer 59
  mit Schafshirn 62
  Schanklisch-Salat 60
  Spitzkohlsalat 54
  Tomatensalat mit getrockneter Minze 63
  Zungensalat 142
Salatat banadoora wa nahnah 63
Salatat dimaagh il ghanem 62
Salatat il hindbeh 53
Salatat lisaanat 142
Salatat lubnaniyeh 59
Salatat malfoof 54
Salatat shanklish 60
Salatat shanklish basiita 60
Salsa, Tomatensalsa 49
Salsat banadoora 49
Samak al salmon ma'a khoodrah 172
Samak maglii 172
Sambuskeh 197
Sauce, Knoblauchsauce 42
Schafshirn, Salat mit 62
Schanklisch 35
  Schanklisch, Einfacher Salat mit 60
  Schanklisch-Salat 60
Schawarma 138
Schokolade, Mit Mandeln gefüllte Datteln in Schokolade 226
Sesam
  Feigen-Nuss-Konfitüre 248
  Sesam-Erdnuss-Riegel 225
  Sesamgebäck 237

Shawarabat kishk 188
Shish kebab 134
Shish tawook 137
Siadeeyeah 173
Sleeh maslooh 53
Spenegh 78
Spinat
  Spinatpasteten 212
  Spinat-Rindfleisch-Topf 78
Spitzkohlsalat 54
Sumkeh harra 176
Suppe
  Bunte Bohnensuppe 91
  Hausgemachte Nudelsuppe mit Bohnen 90
  Joumanas Gemüsesuppe 95
  Kibbeh-Suppe der Mönche (Karfreitagssuppe) 156
  Kishk-Suppe 188
  Linsensuppe mit Mangold 92
Süßer Käse 242

T

Tahin mit Zitrone und Knoblauch 43
Tahini ma'a haamid wa toum 43
Tahini salsa 43
Tahinsauce mit Tomaten und Petersilie 43
Tarator 42
Tee
  Libanesischer Verdauungs-Tee 251
  Anistee 251
Tomaten
  Kartoffel-Tomaten-Topf 87
  Libanesische Minipizzen 206
  Tomatensalat mit getrockneter Minze 63
  Tomatensalsa 49
  Vegetarische Kohlrollen 205
Toum 42
Tumr bi lawz ma'a chocolat 226
Tumr malfoofeh 226

U, V

Usbeh maqlii 141
Vegetarischer Schmortopf 85

W

Wachtel, Marinierte 142
Walnüsse
  Dattelrollen 226
  Feigen-Nuss-Konfitüre 248
  Libanesische Pfannkuchen mit Nussfüllung 229
  Walnuss- und Dattelkekse 230
Waraq inab 199
Weinblätter
  Gefüllte 199
  Gefüllte Zucchini mit Lammkoteletts und 194

Y

Yakn't 77
Yensoon 251

Z

Za'atar 63
Za'atar Pizza 207
Zaytoon makboos 101
Znood il sit 208
Zucchini
  Gefüllte, in Joghurtsuppe 198
  Gefüllte, in Tomatensuppe 211
  Gefüllte, mit Lammkoteletts und Weinblättern 194
  Zucchiniomeletts 28
Zuckersirup 222
Zunge, Zungensalat 142

Unser Verlagsprogramm finden Sie unter www.christian-verlag.de

Übersetzung aus dem Englischen: Viola Löbig
Textredaktion: Anja Ashauer-Schupp
Korrektur: Petra Tröger
Satz: Martin Feuerstein, WIGEL
Umschlaggestaltung: Caroline Daphne Georgiadis, Daphne Design

Copyright © 2012 für die deutschsprachige Ausgabe:
Christian Verlag GmbH, München

Die Originalausgabe mit dem Titel *Whispers from a Lebanese Kitchen* wurde erstmals 2011 im Verlag Murdoch Books Pty Limited, London, veröffentlicht.

Copyright © 2011 für den Text: Nouha Taouk
Copyright © 2011 für die Fotos: Johan Palsson
Copyright © 2011 für Layout und Design: Murdoch Books Pty Limited 2011
Foodstylist: Mary Harris; Sonia Greig

Die Deutsche Nationalbibliothek verzeichnet diese Publikation in der Deutschen Nationalbibliografie; detaillierte bibliografische Daten sind im Internet über http://dnb.d-nb.de abrufbar.

Gesamtherstellung Verlagshaus GeraNova Bruckmann

Alle deutschsprachigen Rechte vorbehalten.

ISBN 978-3-86244-132-7

Alle Angaben in diesem Werk wurden von der Autorin sorgfältig recherchiert und auf den aktuellen Stand gebracht sowie vom Verlag geprüft. Für die Richtigkeit der Angaben kann jedoch keinerlei Haftung übernommen werden. Für Hinweise und Anregungen sind wir jederzeit dankbar. Bitte richten Sie diese an:

Christian Verlag
Postfach 400209
80702 München
E-Mail: lektorat@verlagshaus.de